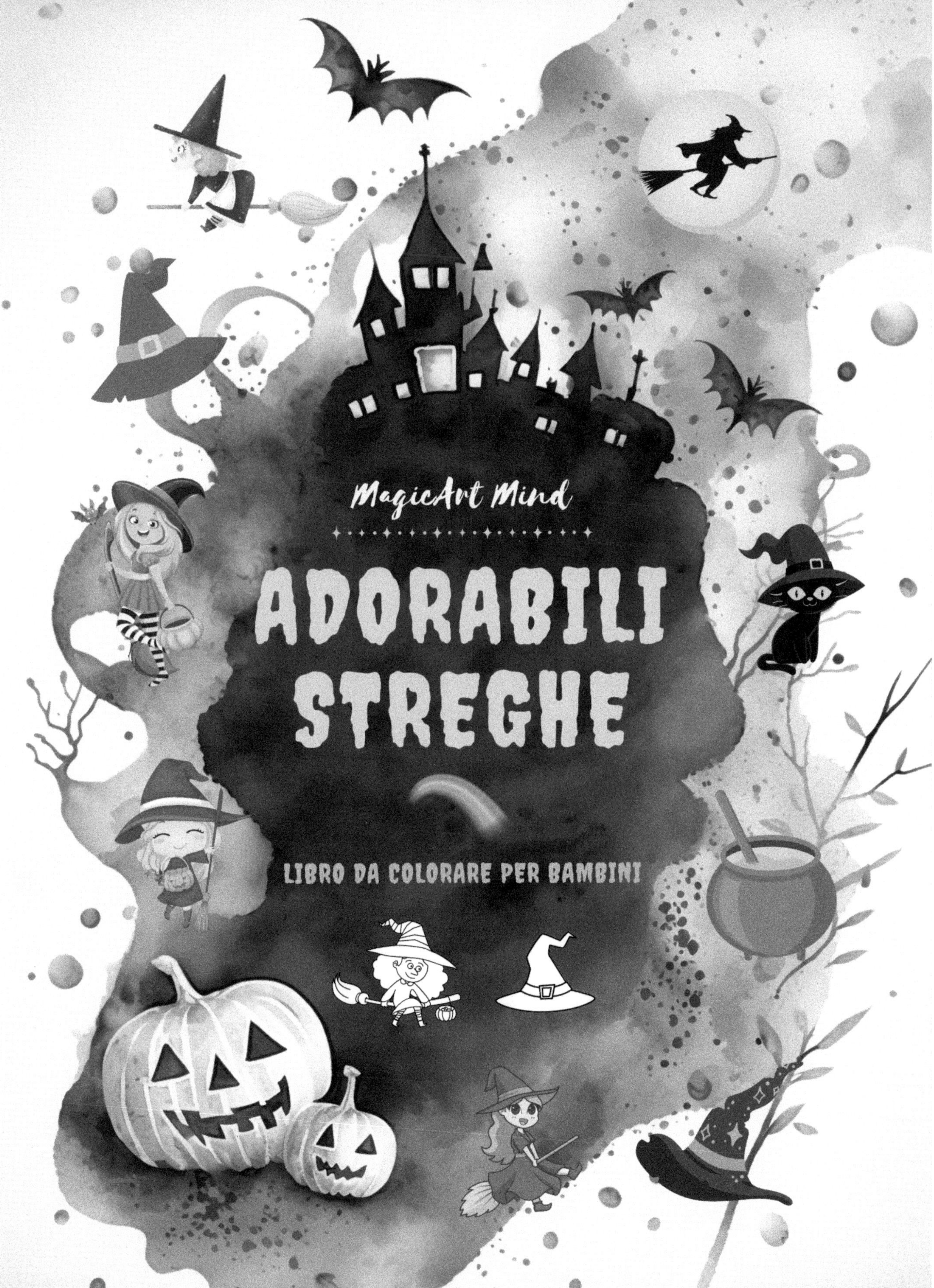
MagicArt Mind
ADORABILI
STREGHE
LIBRO DA COLORARE PER BAMBINI

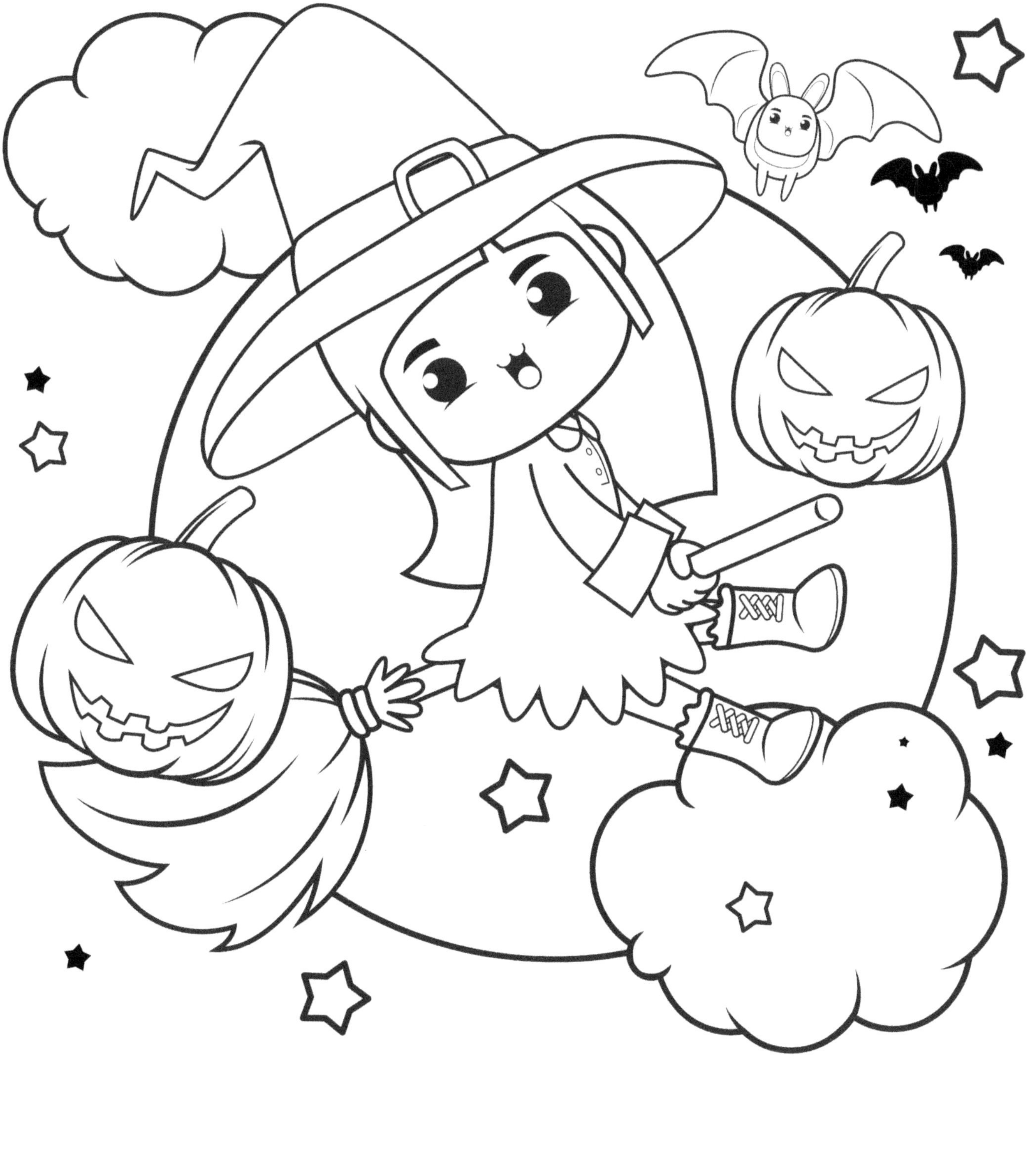

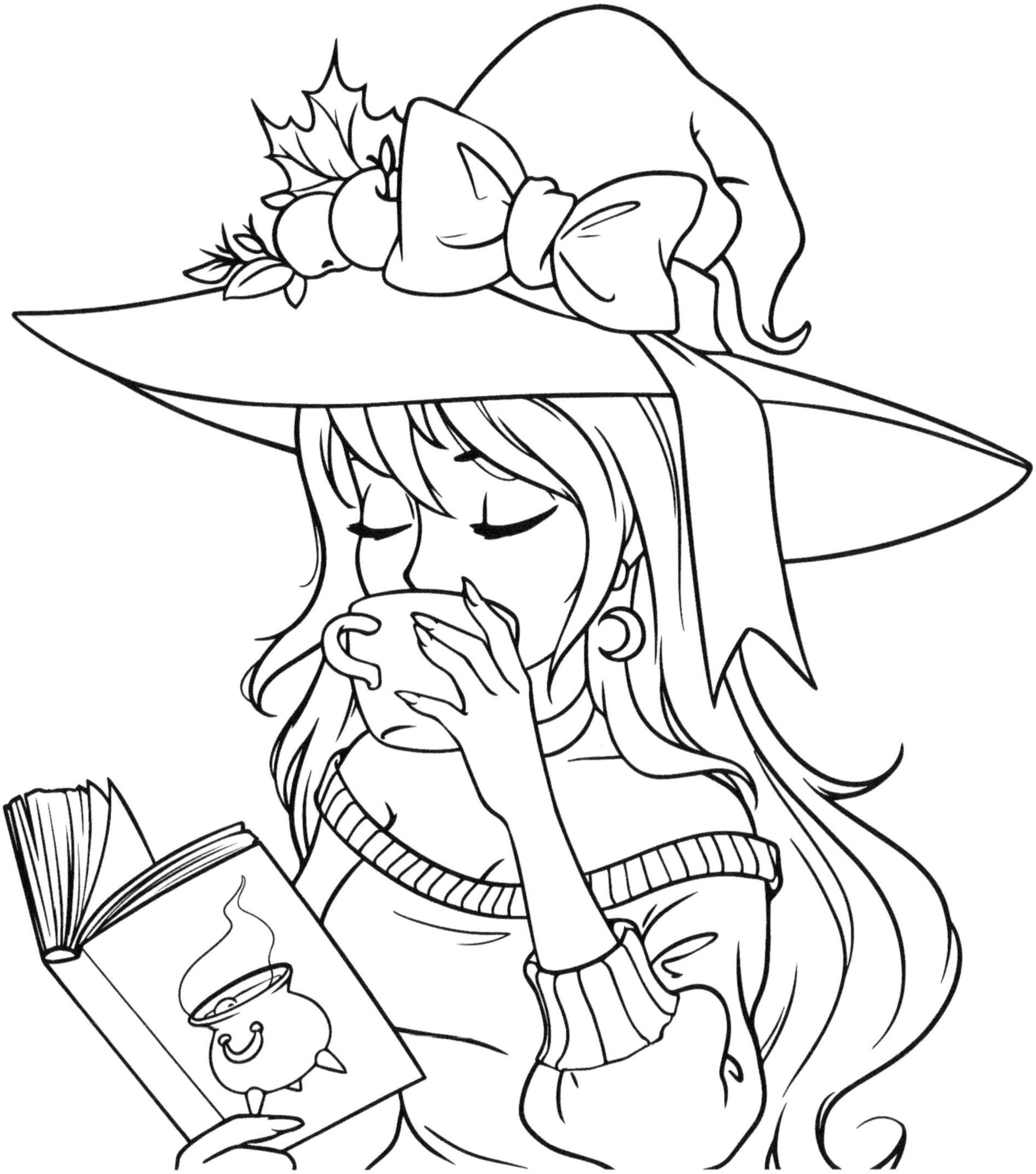

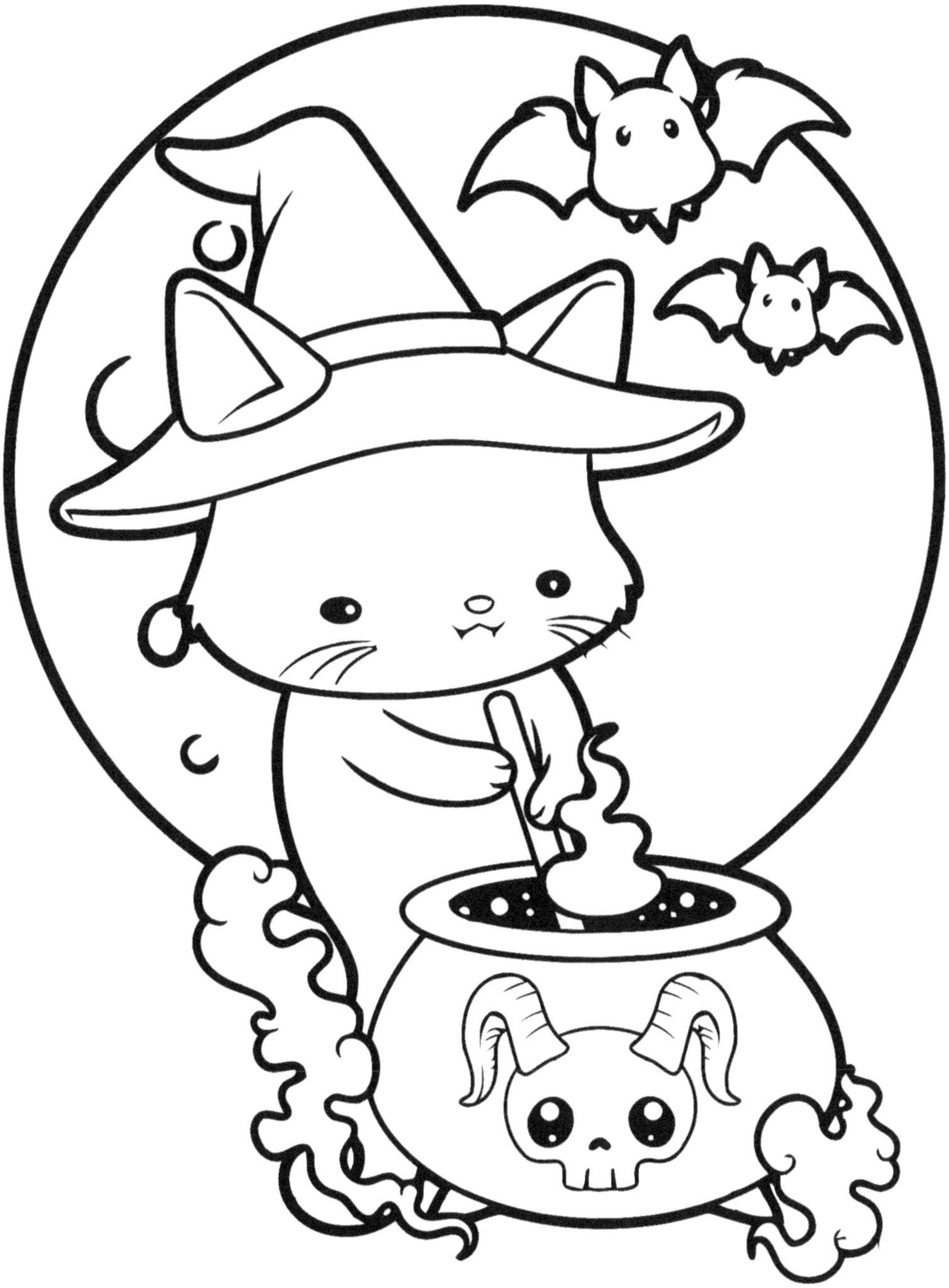

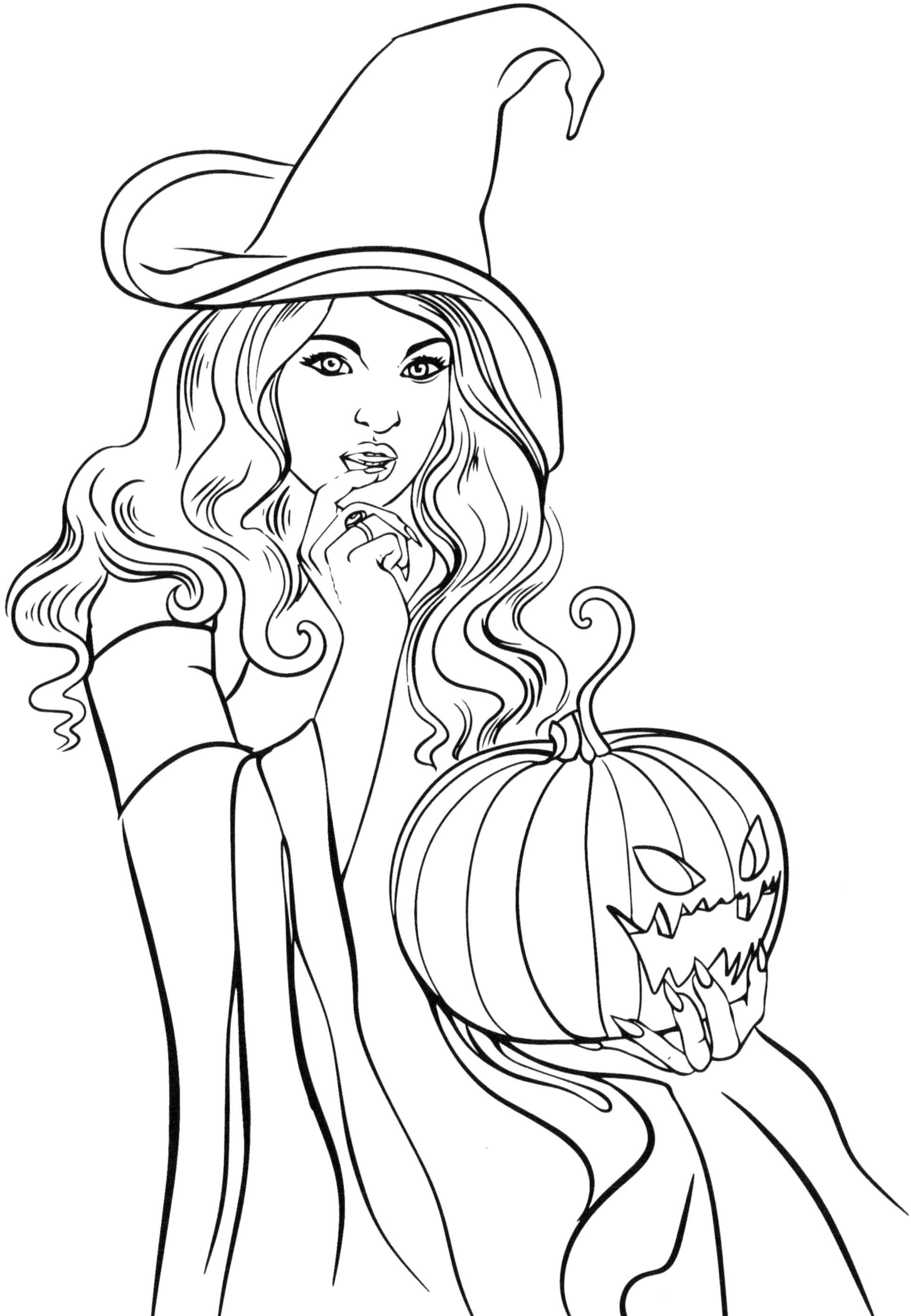

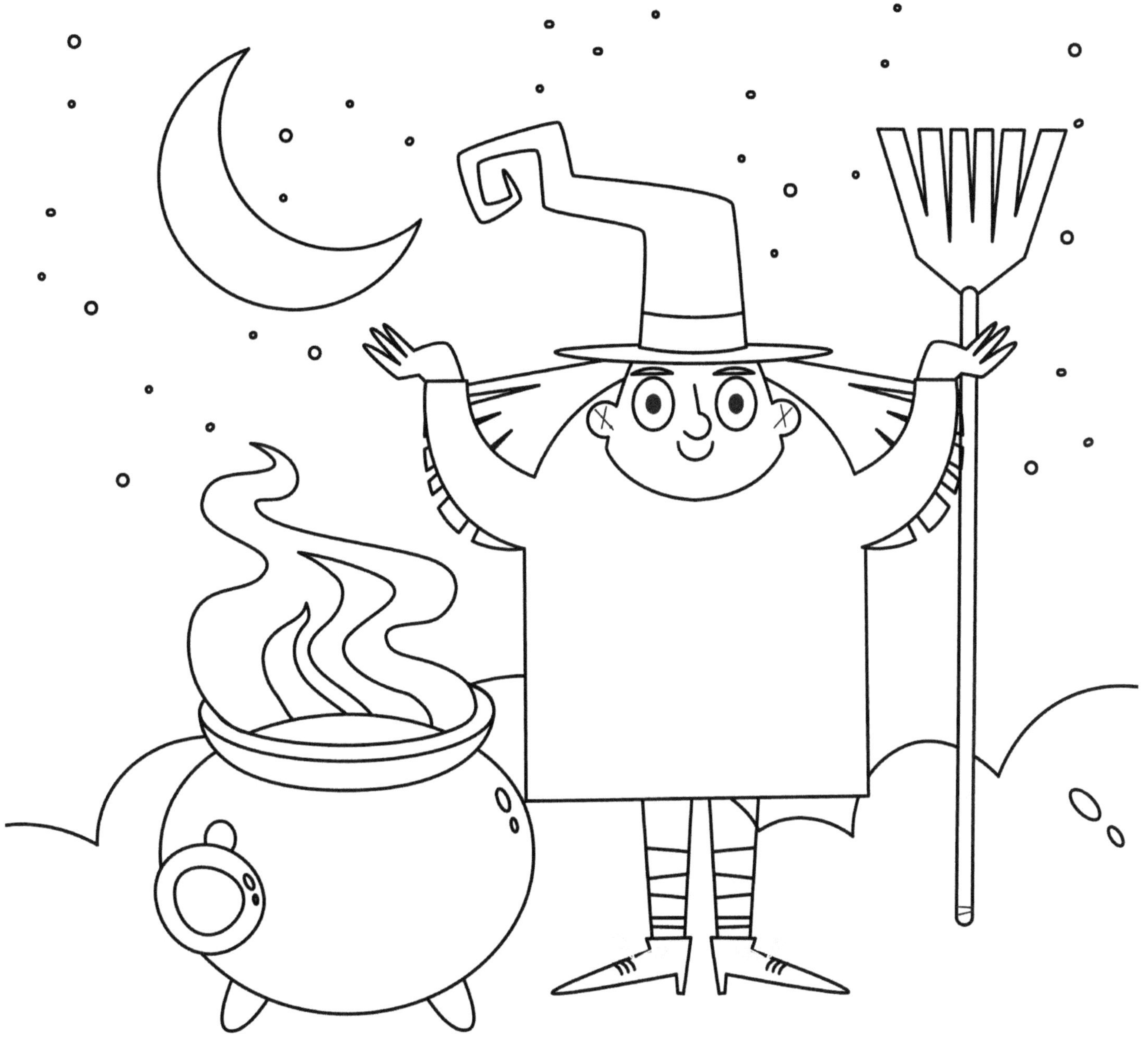

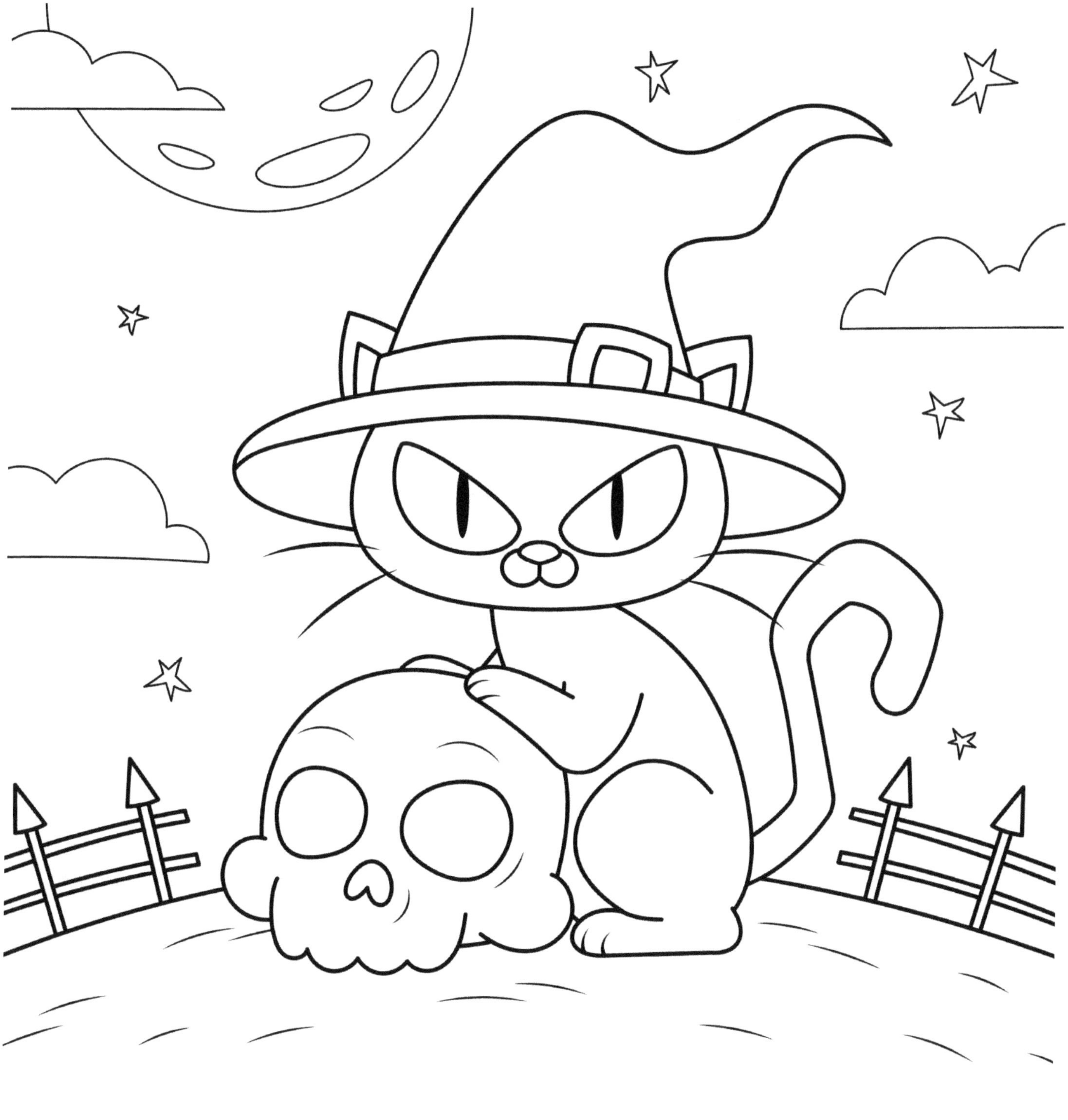

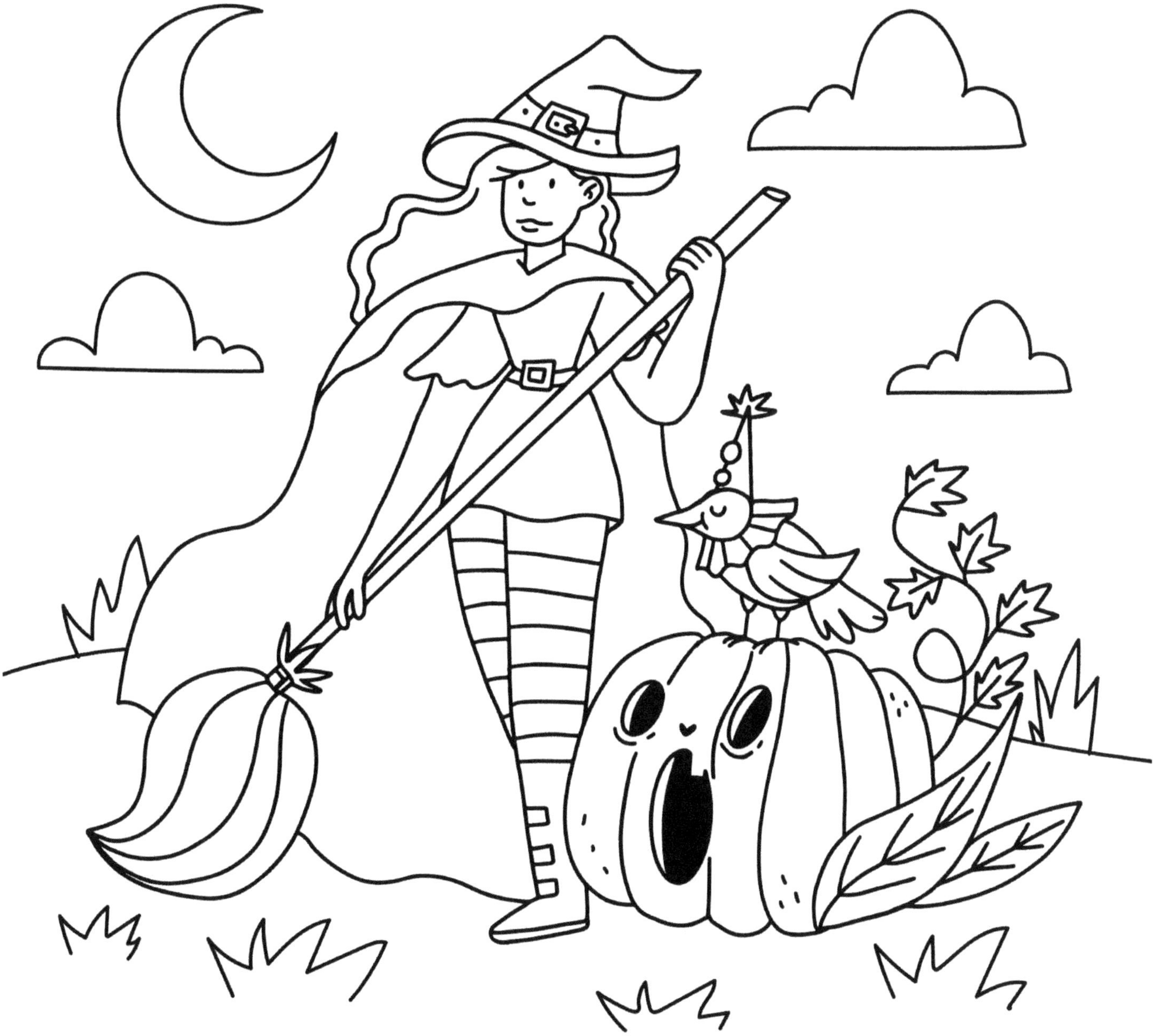

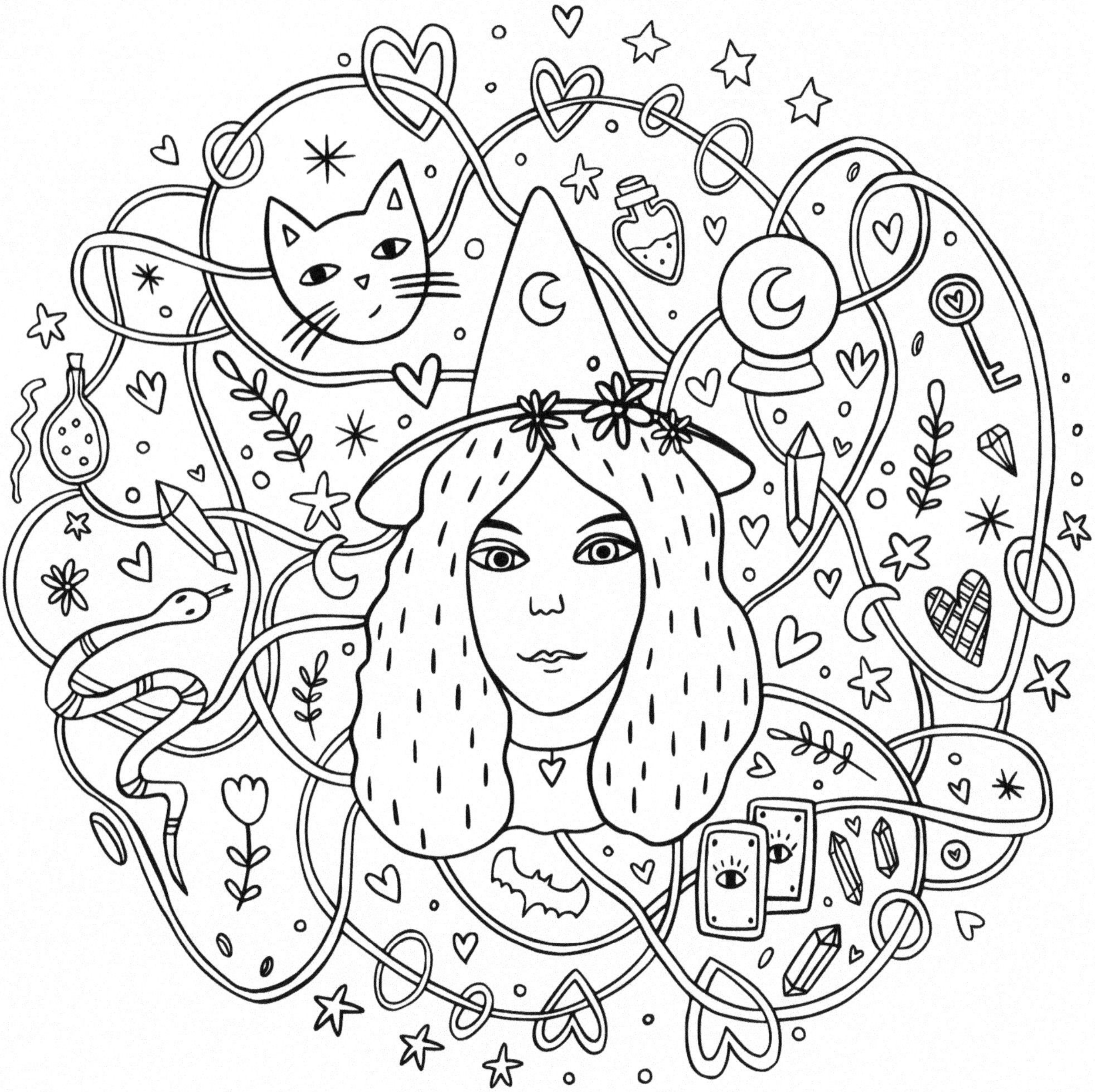

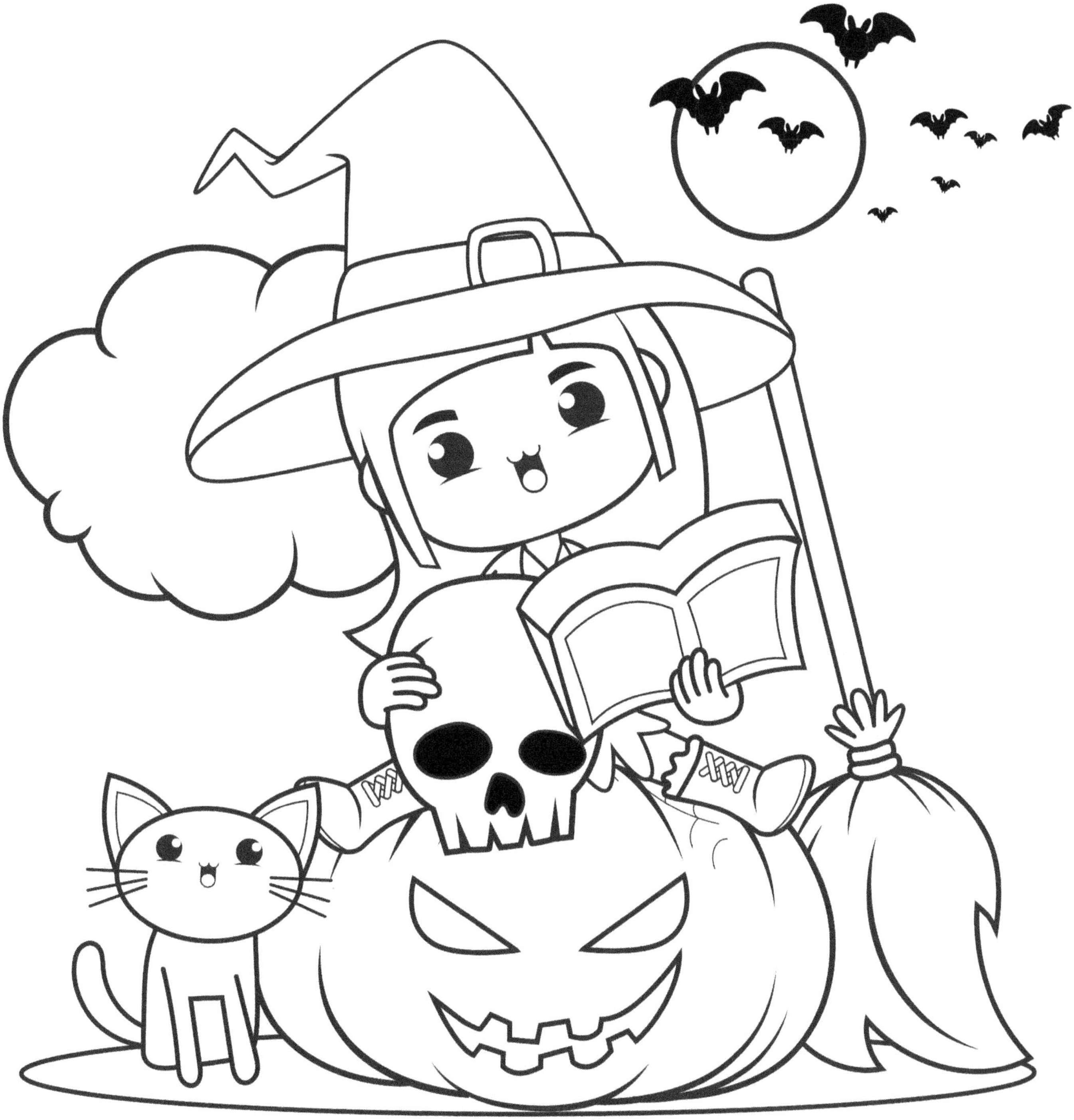

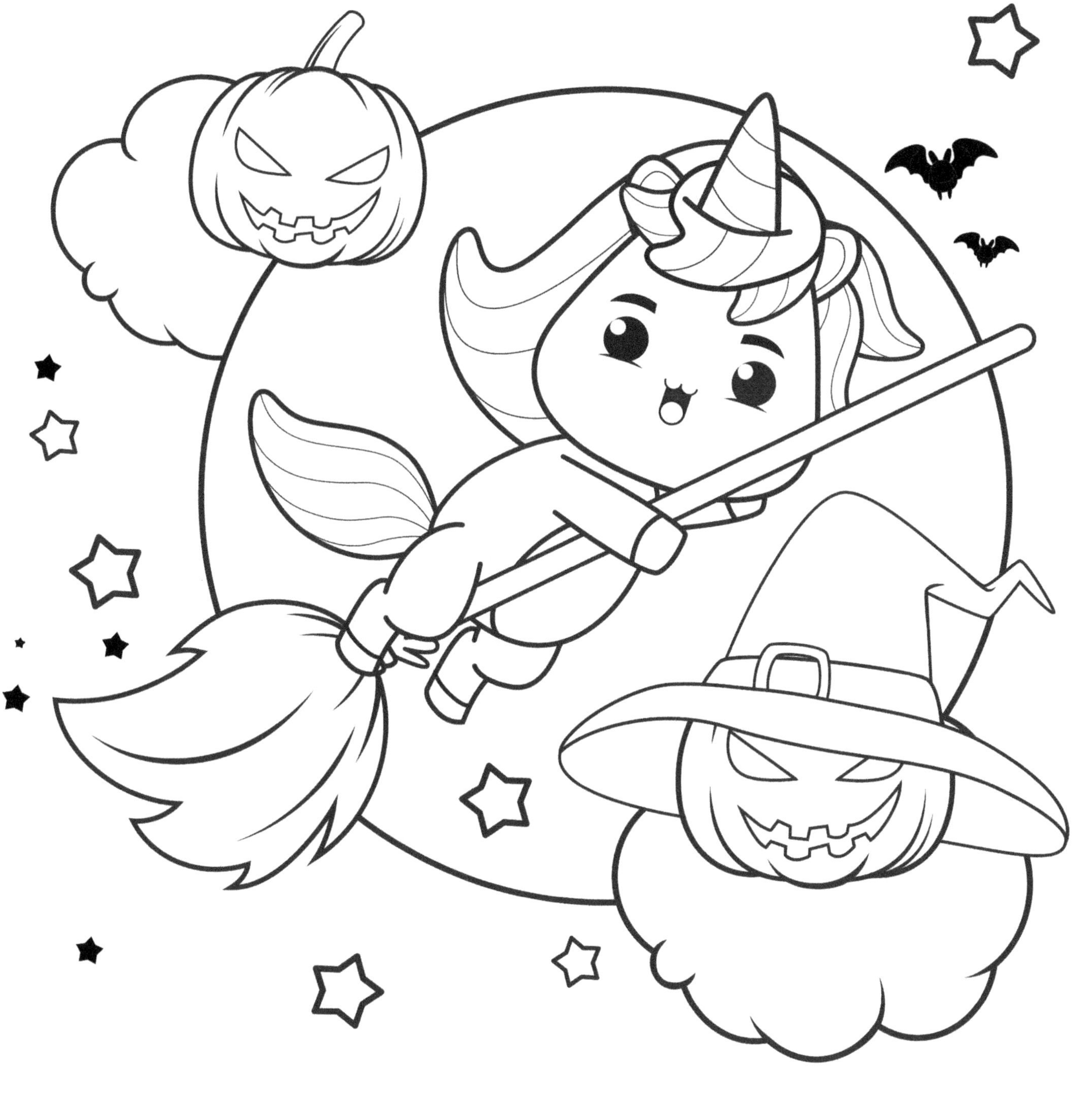

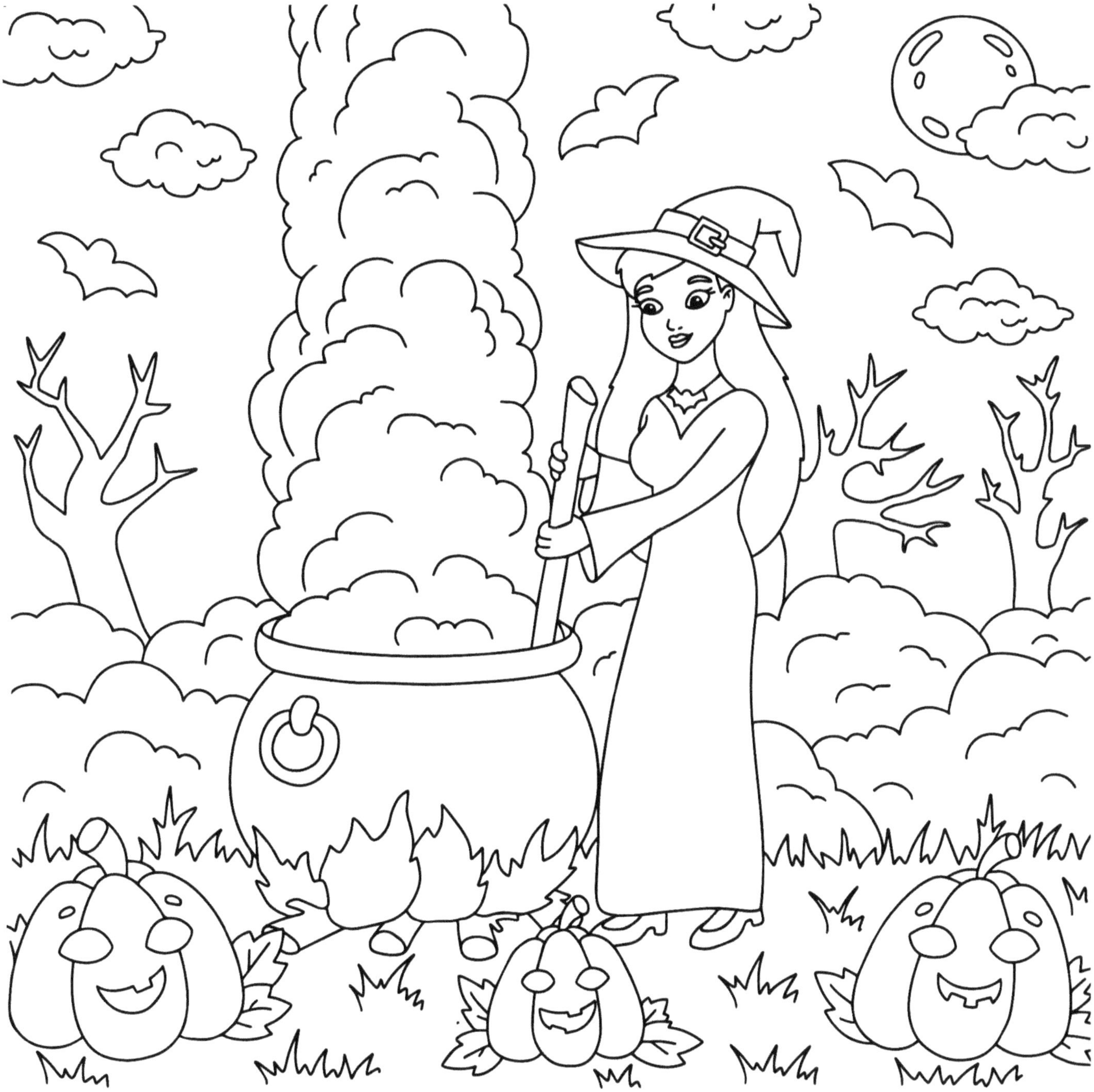

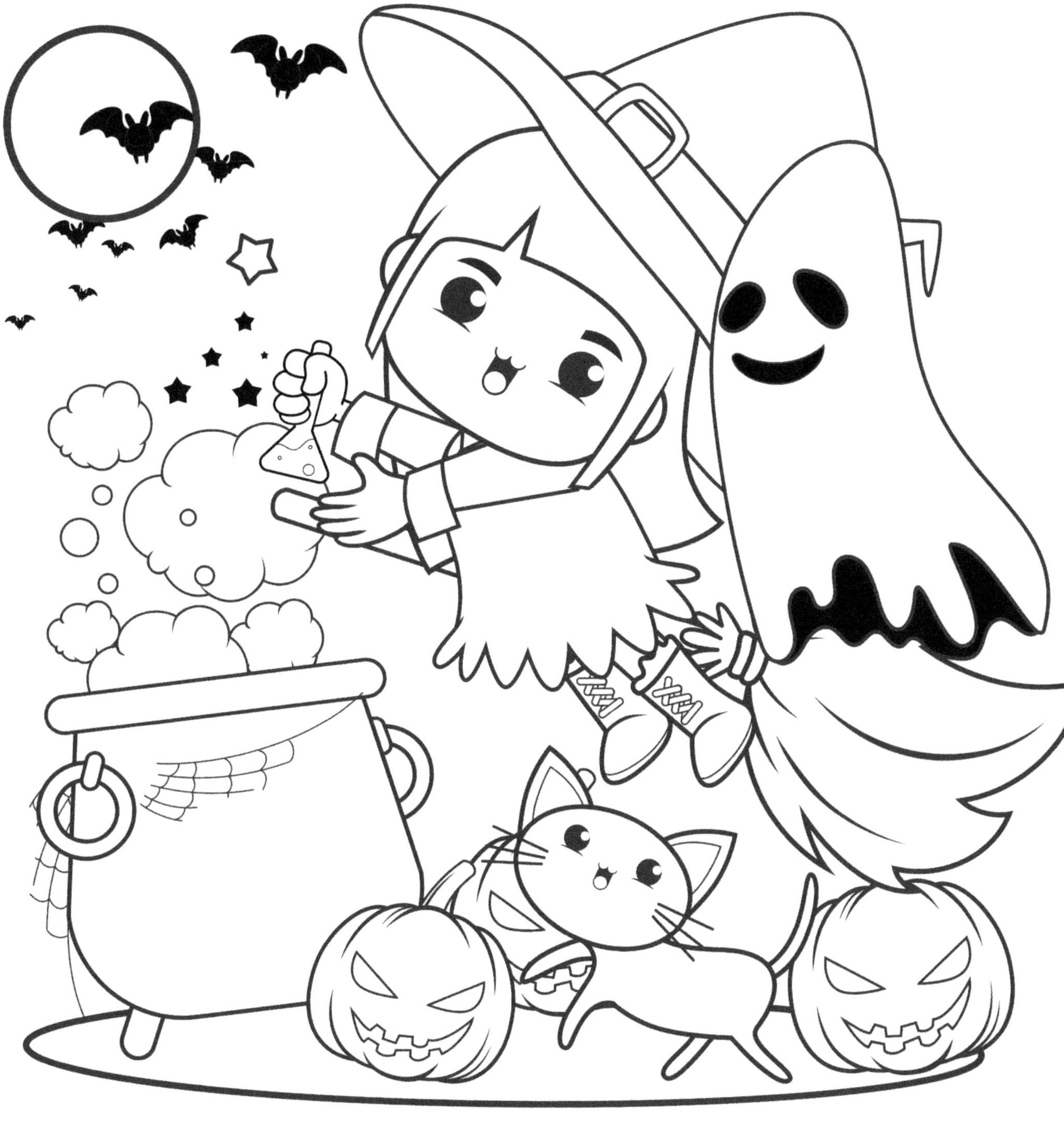

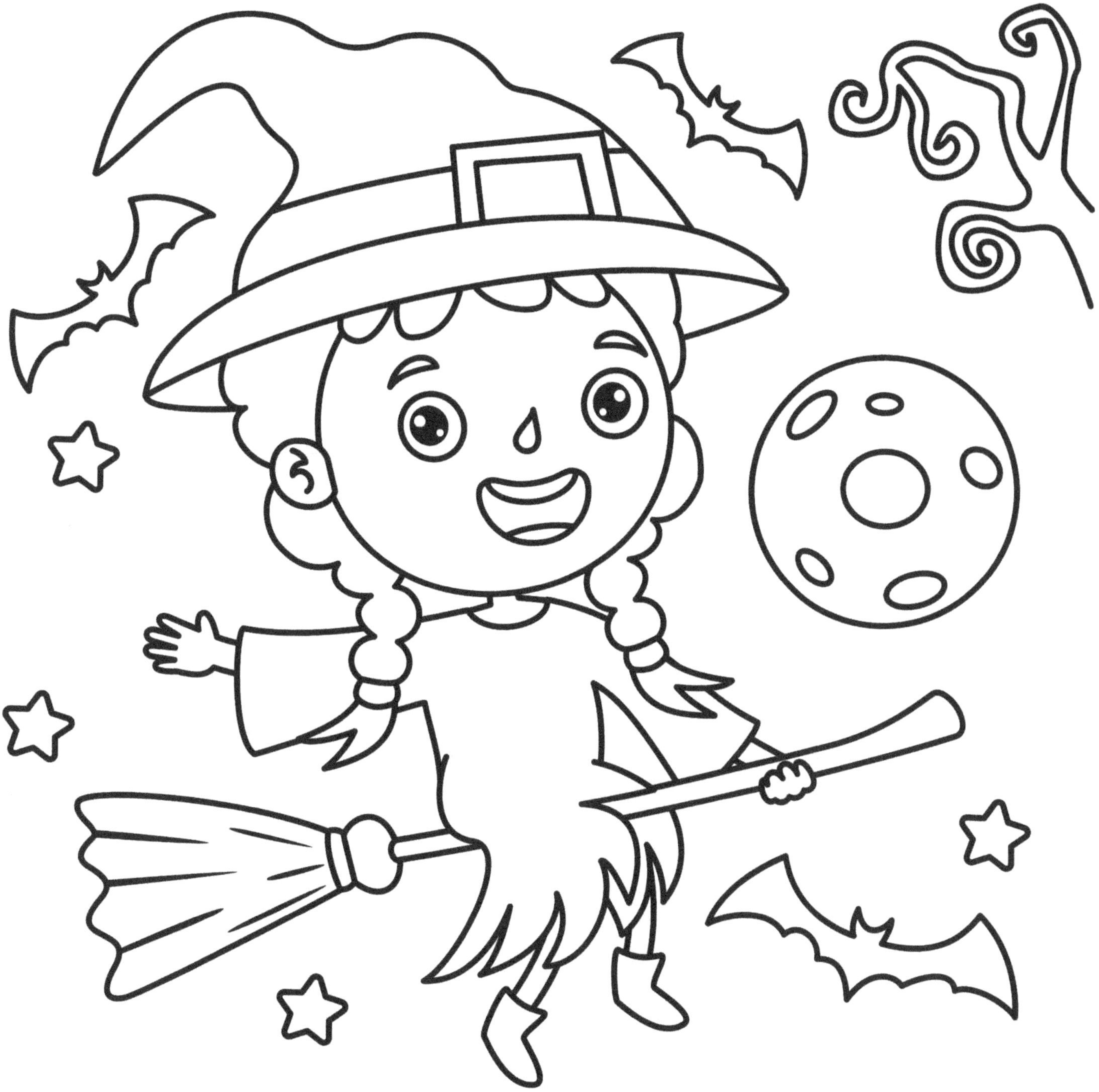

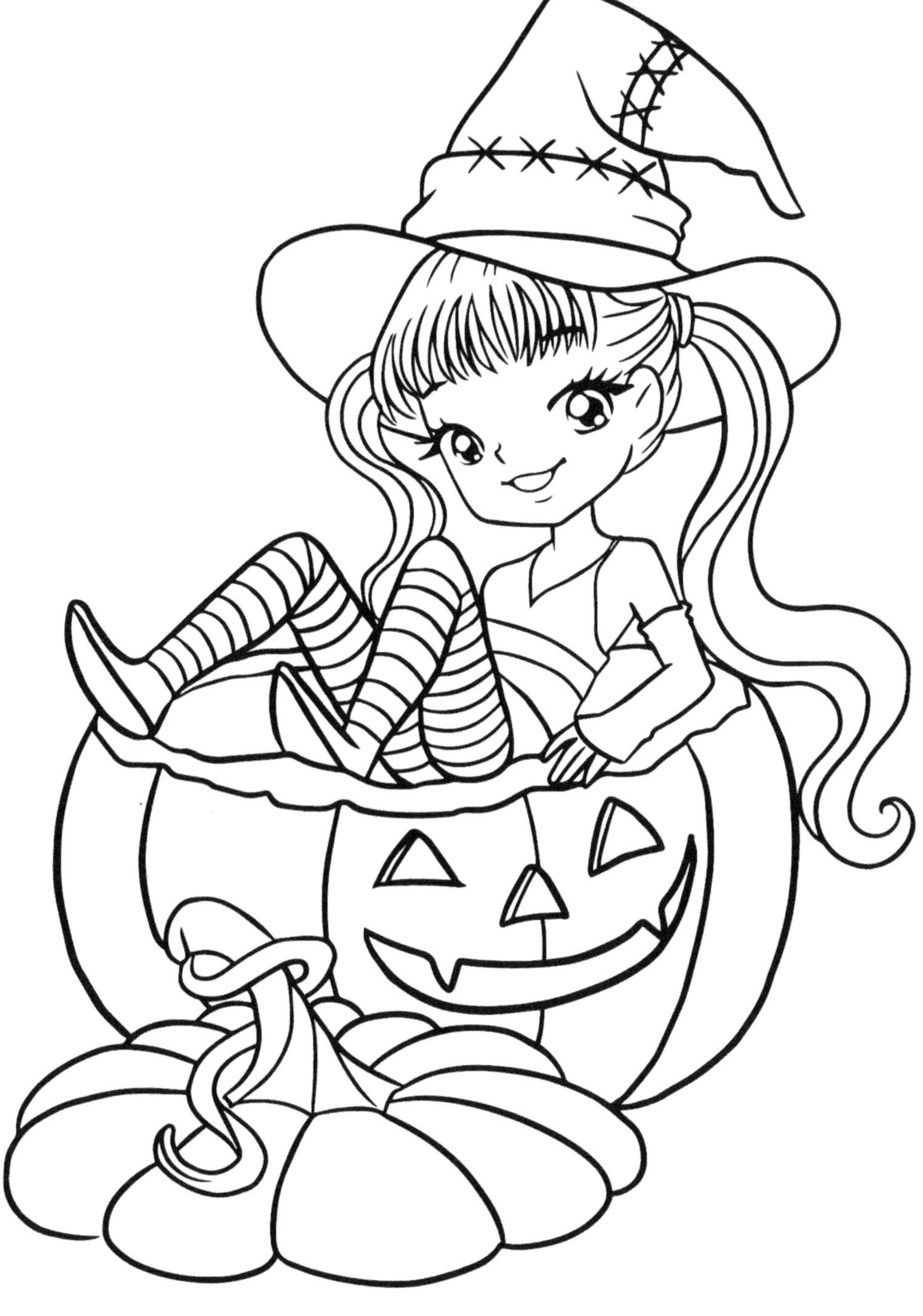

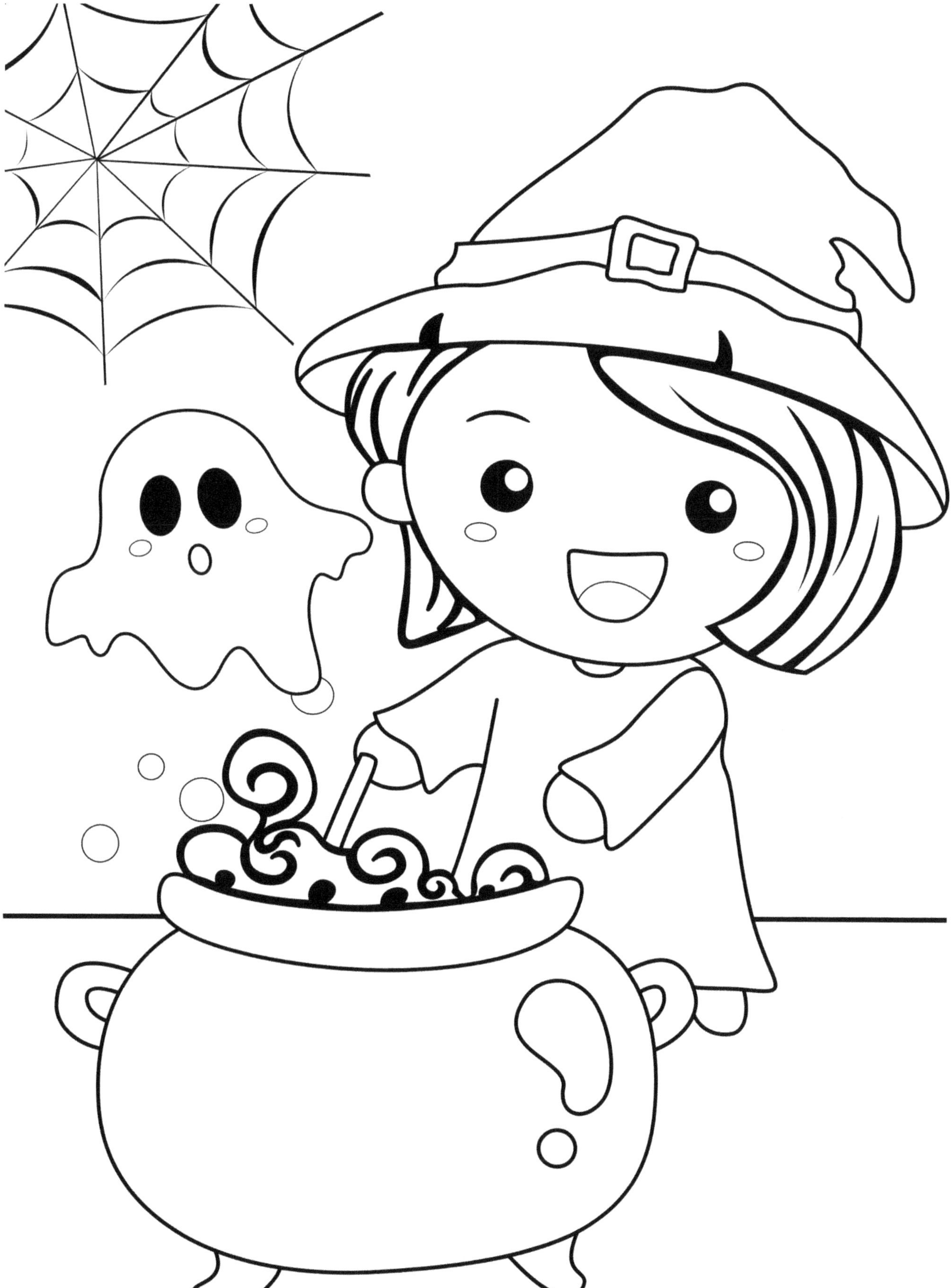

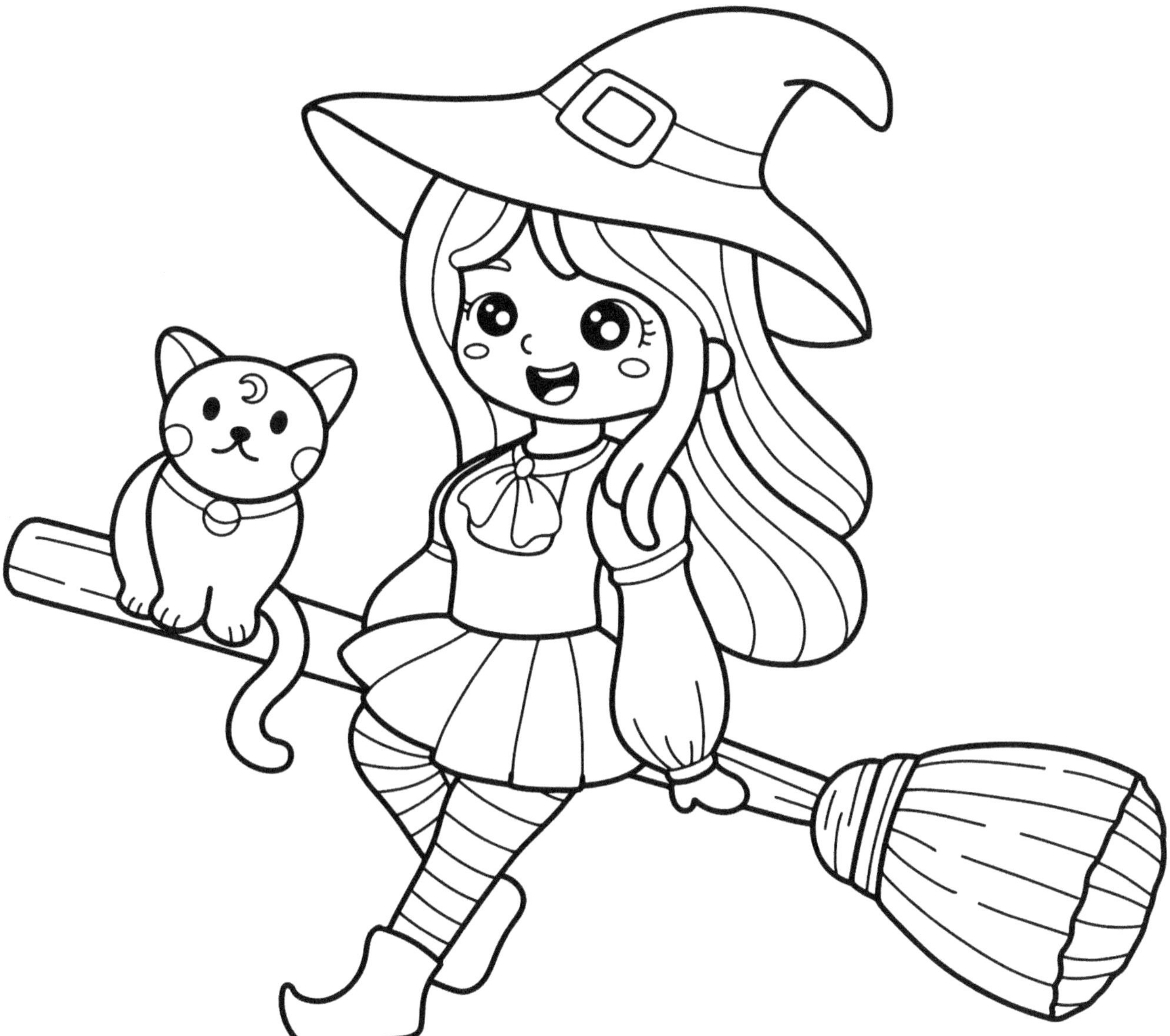

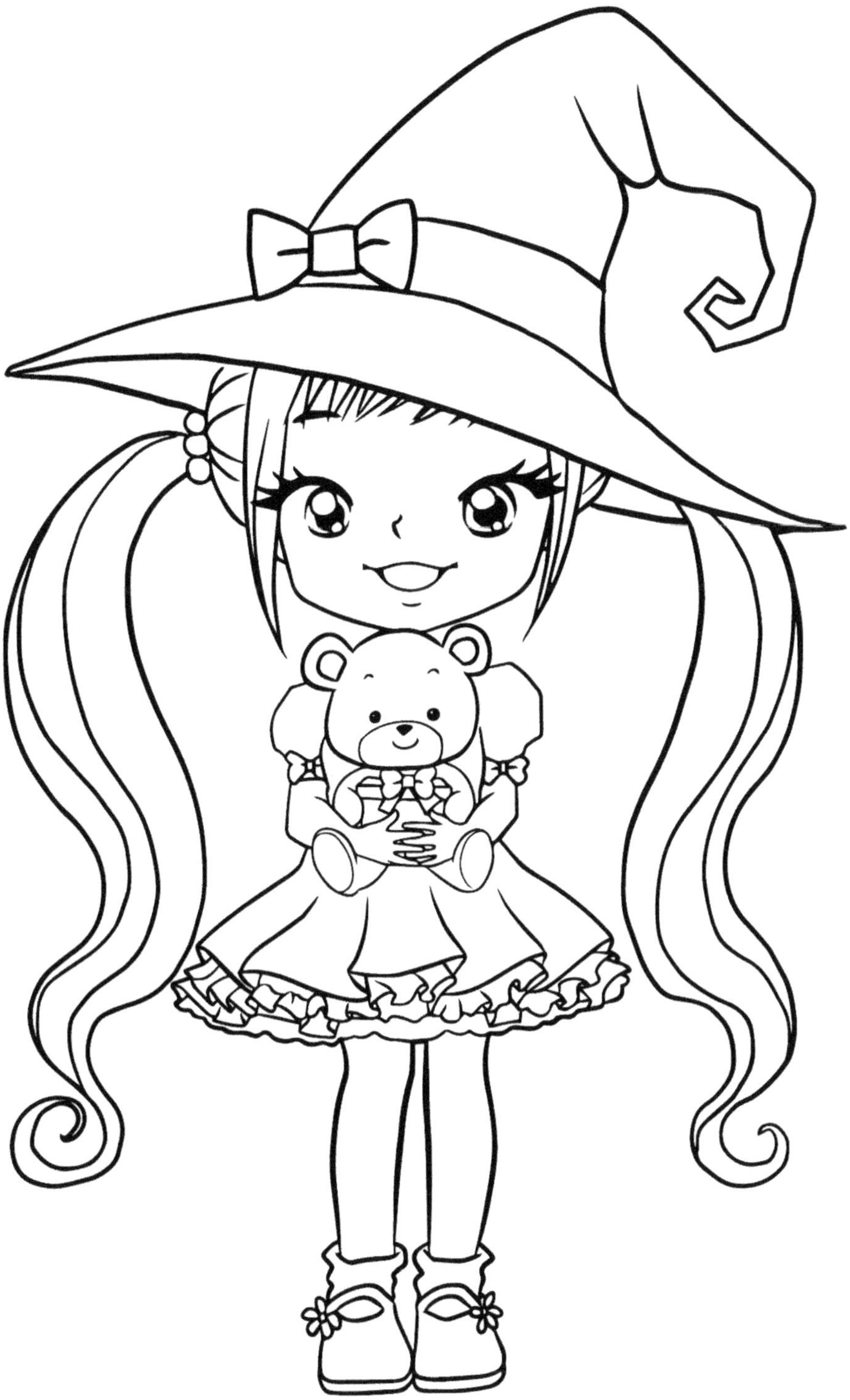

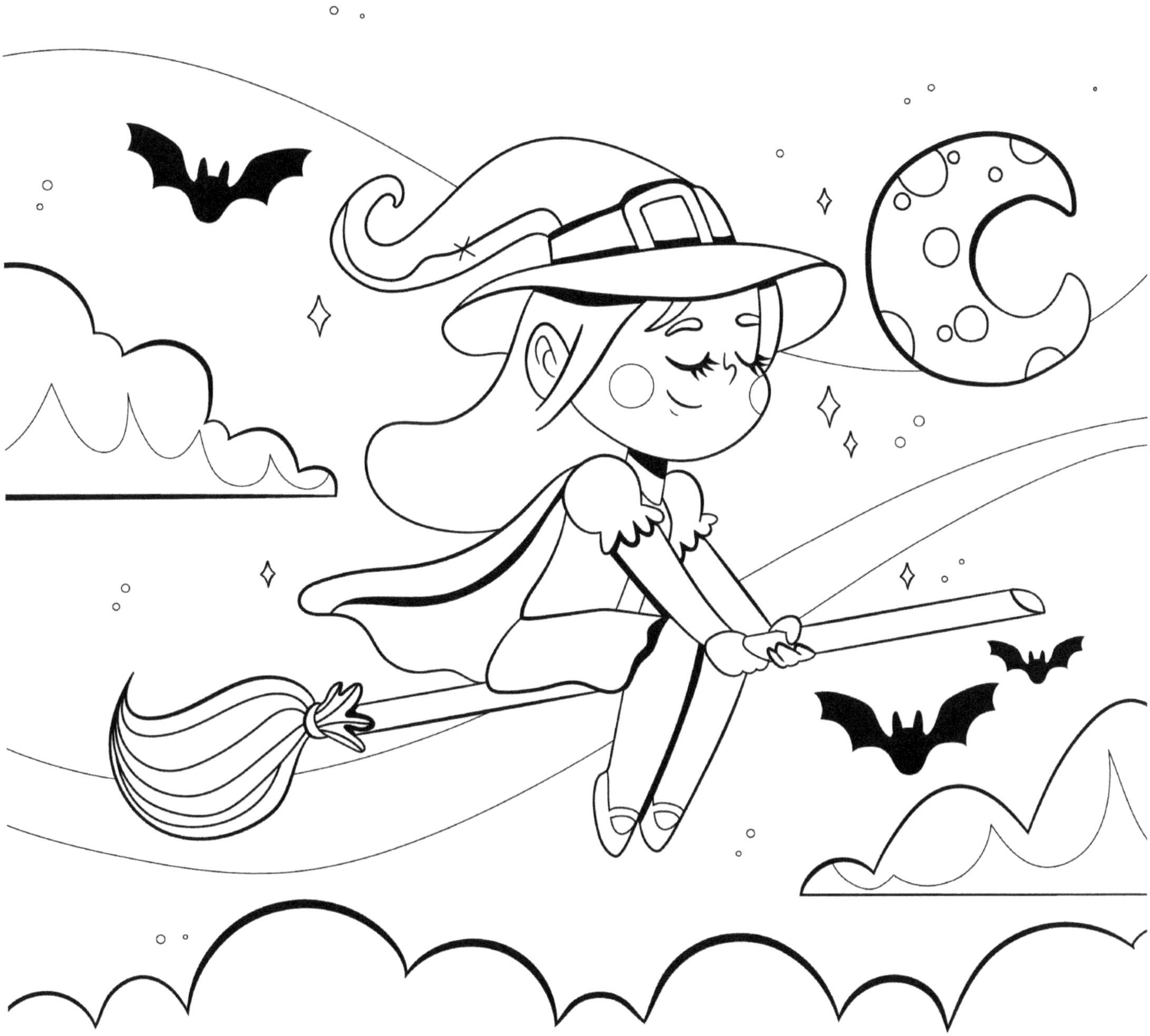

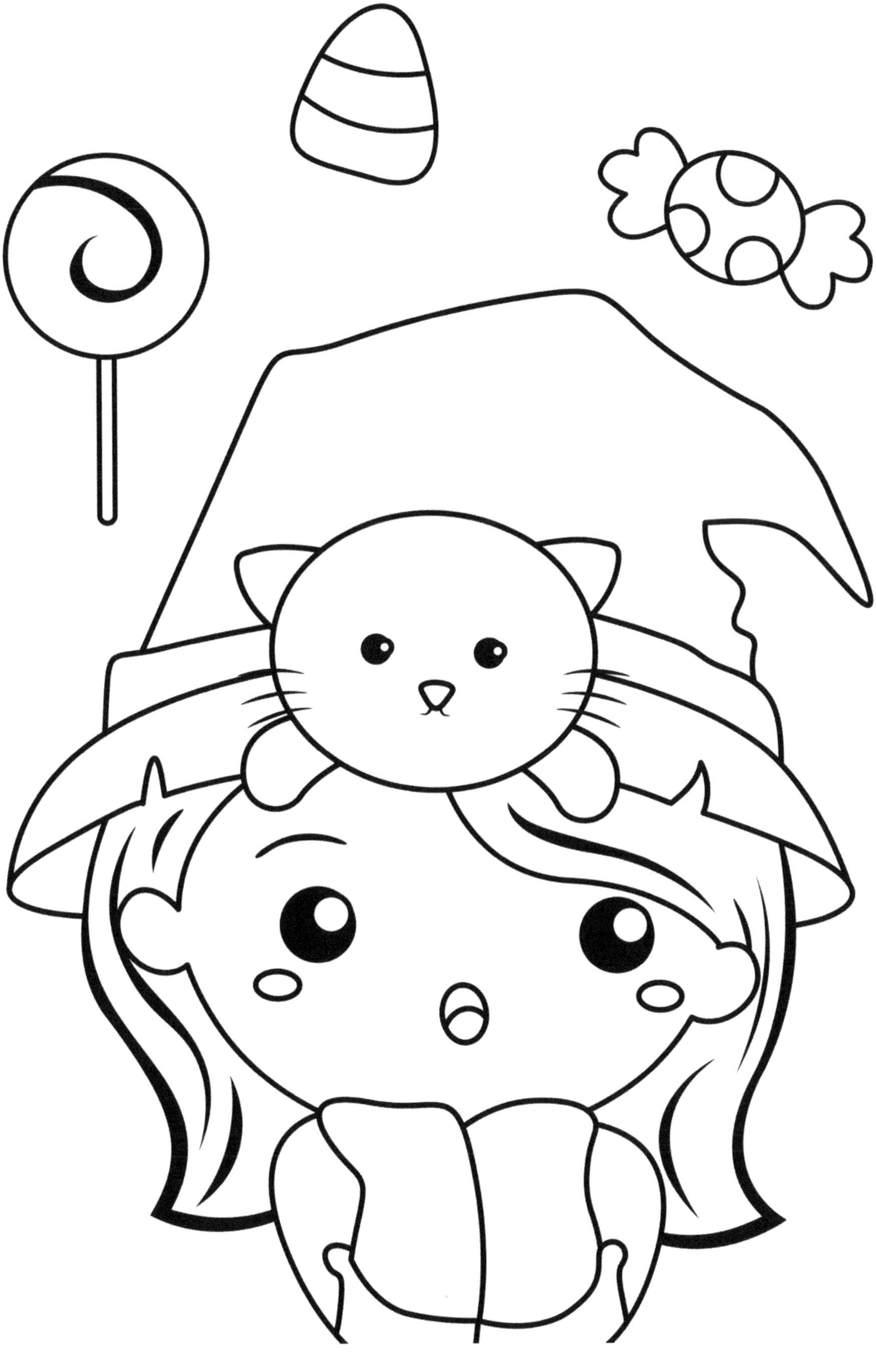

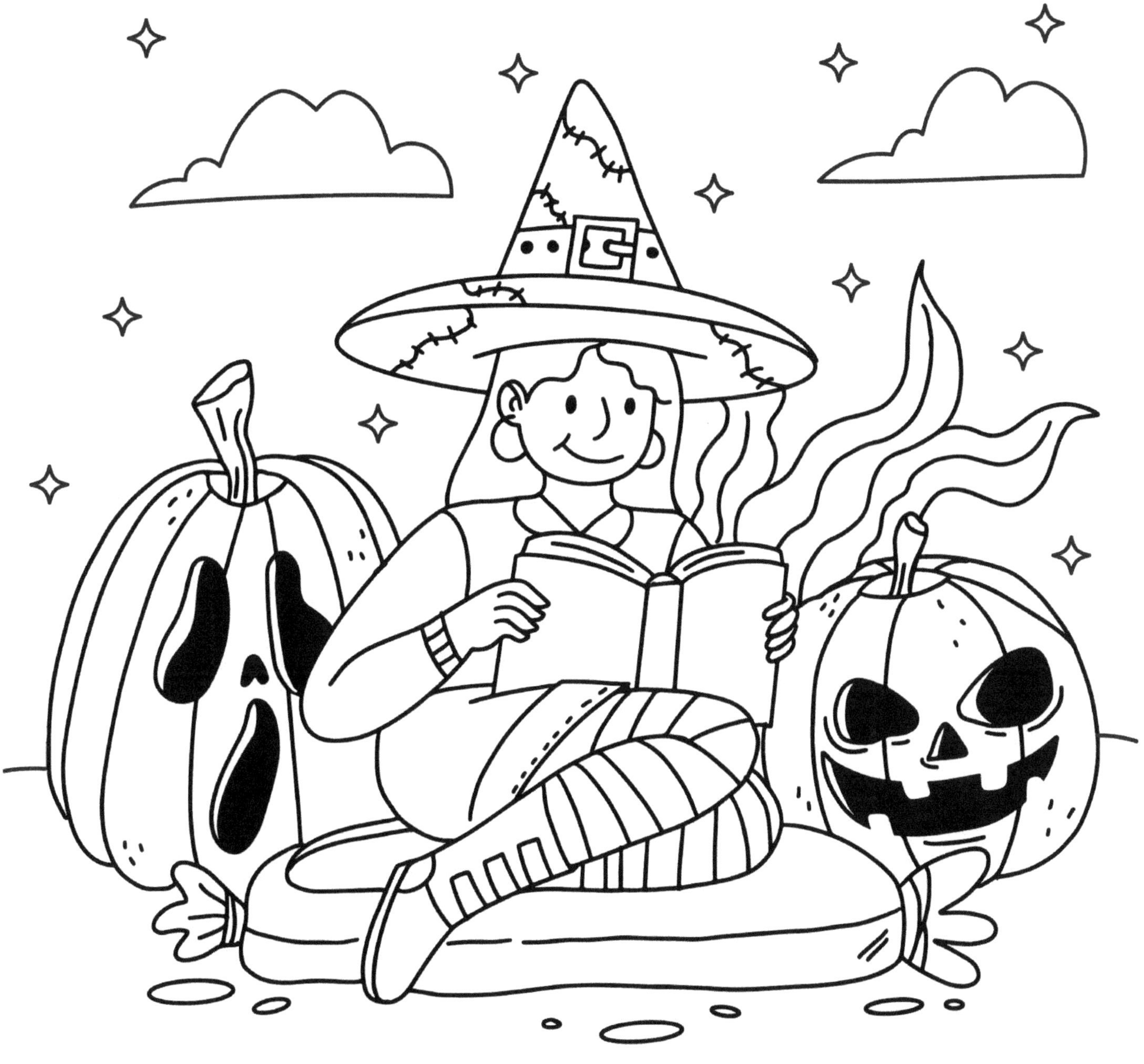

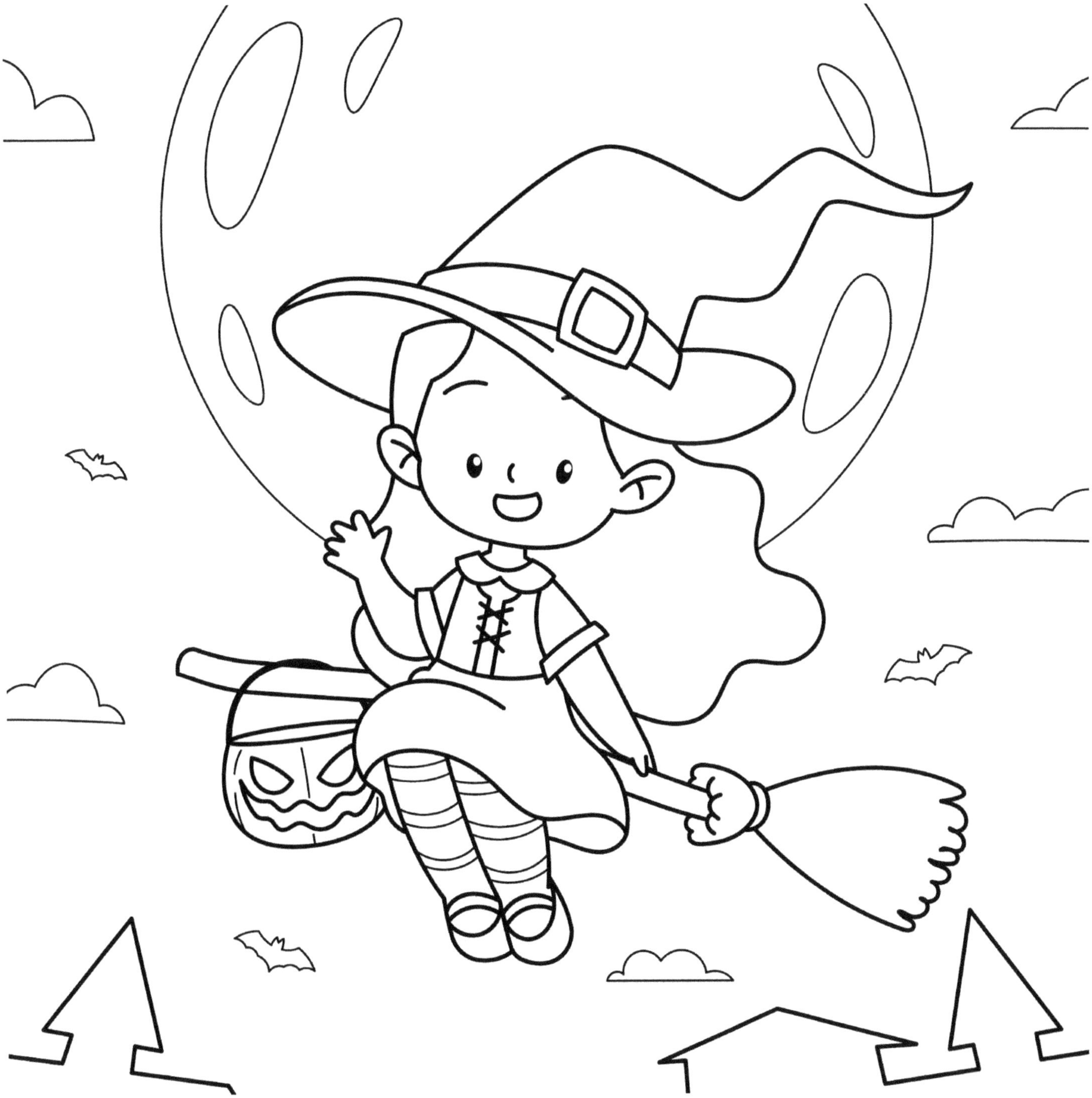

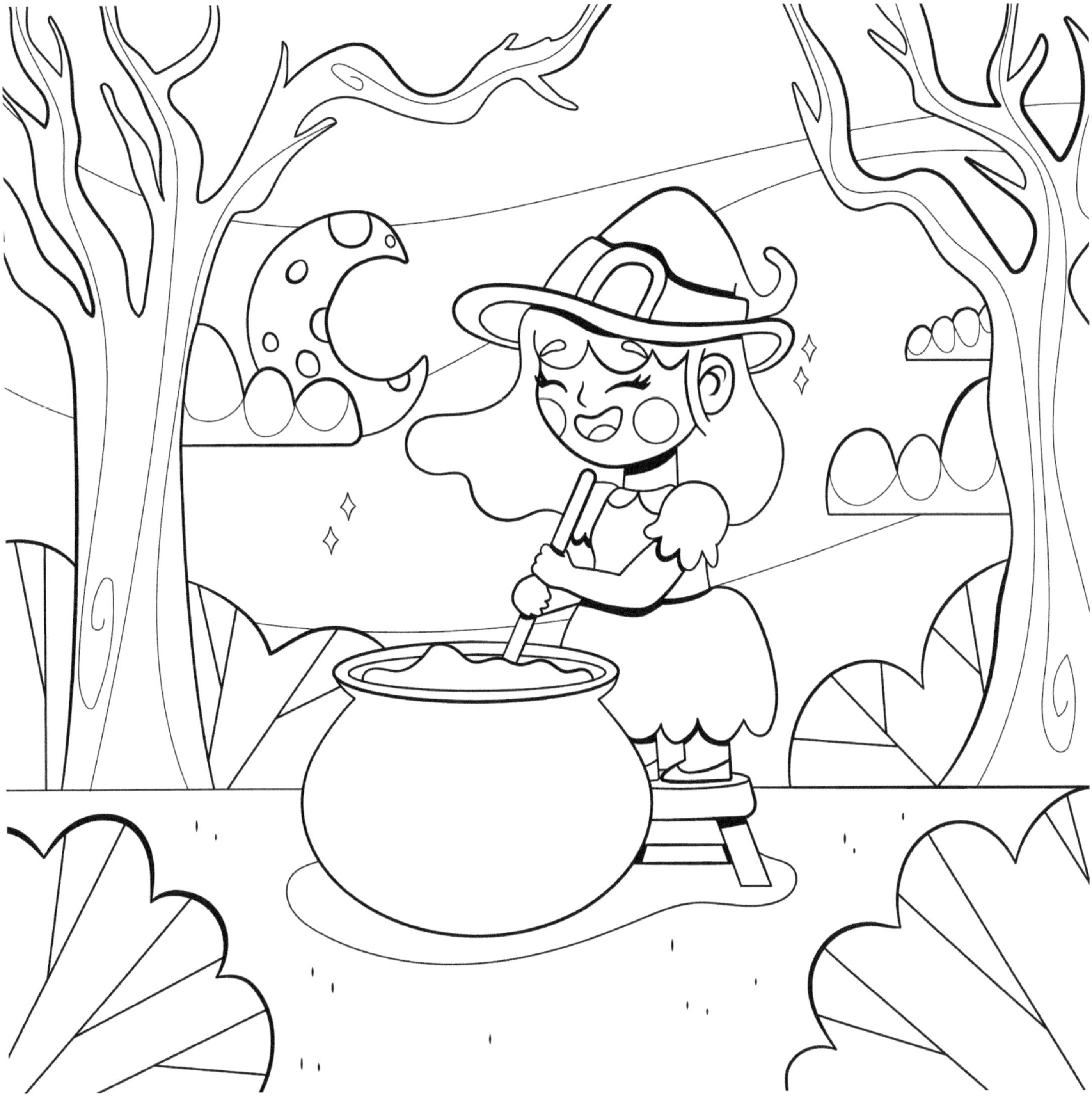

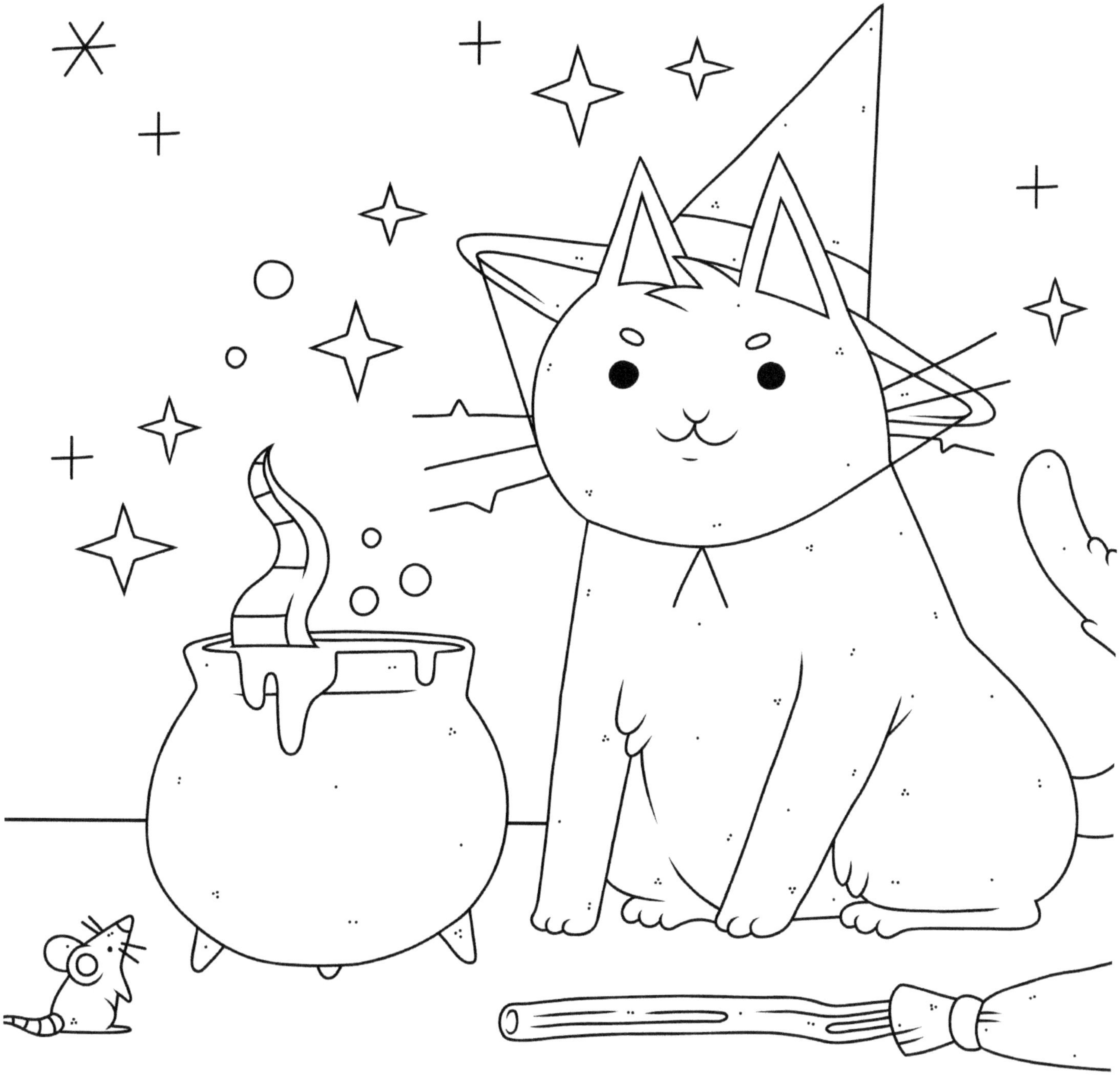

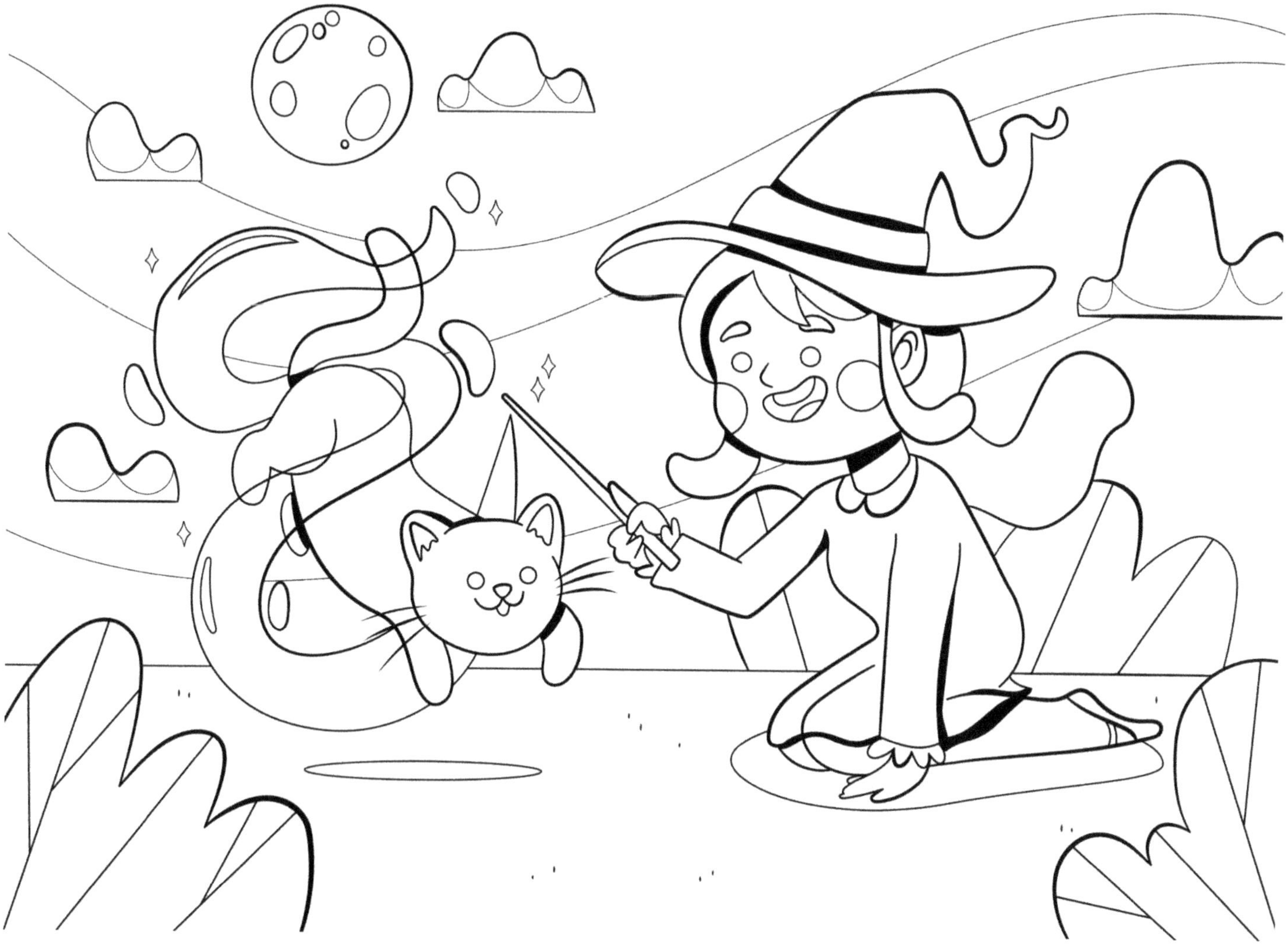

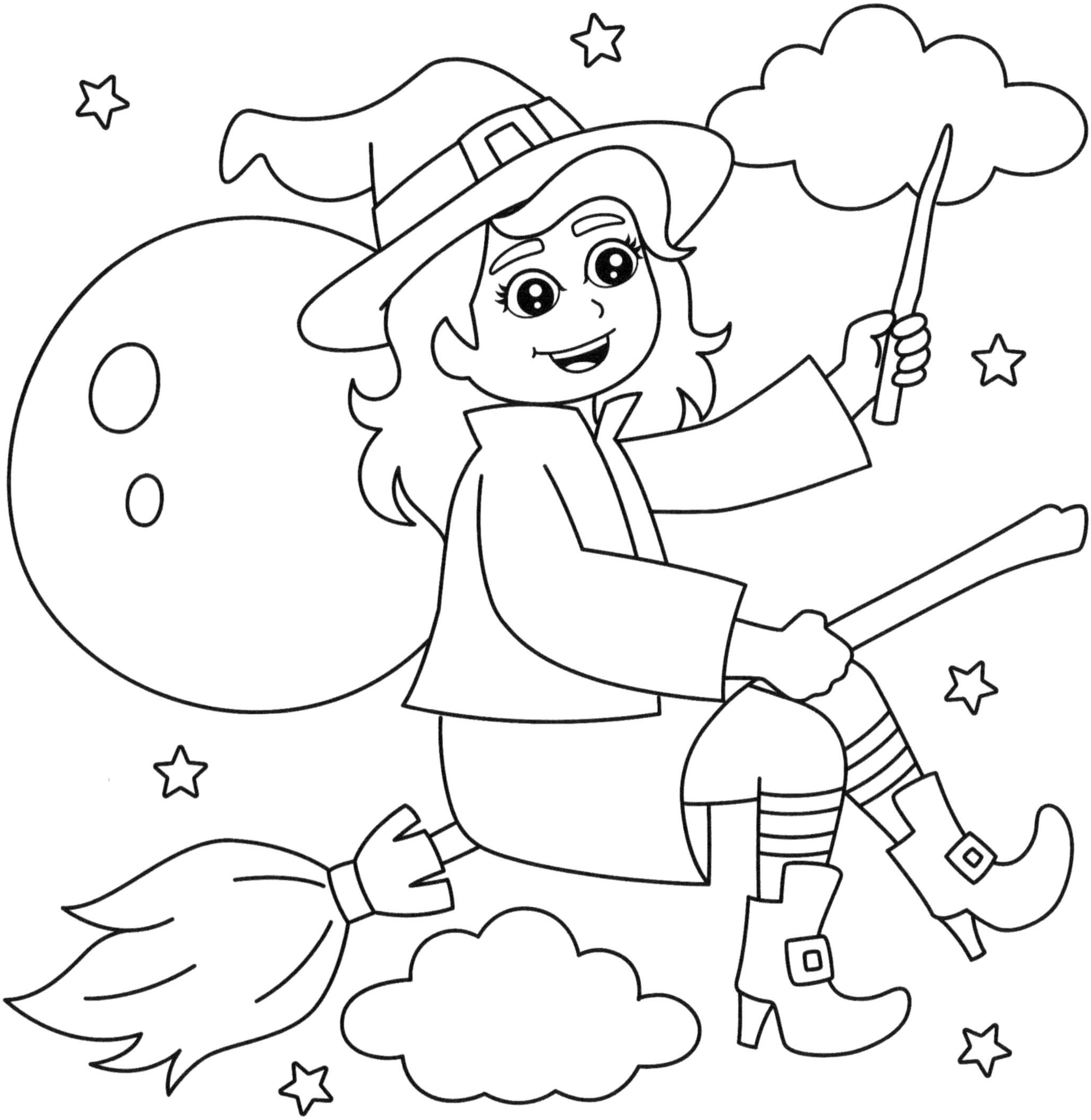

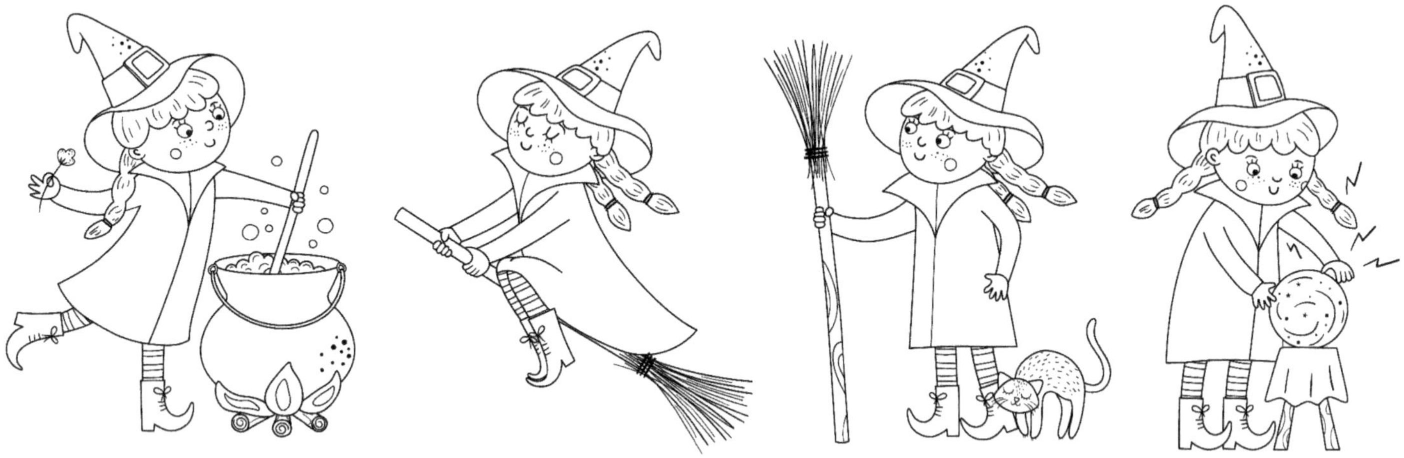

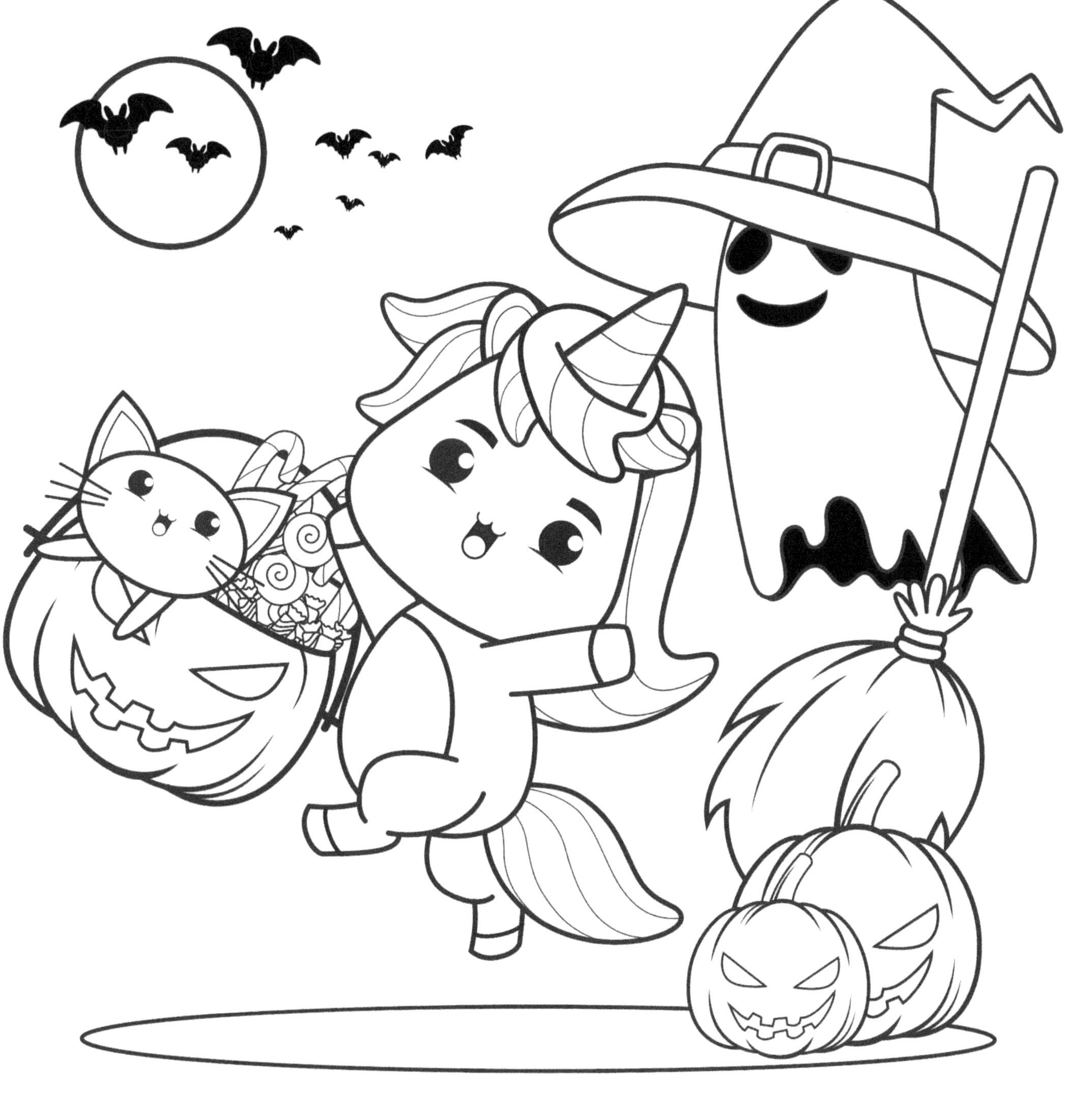

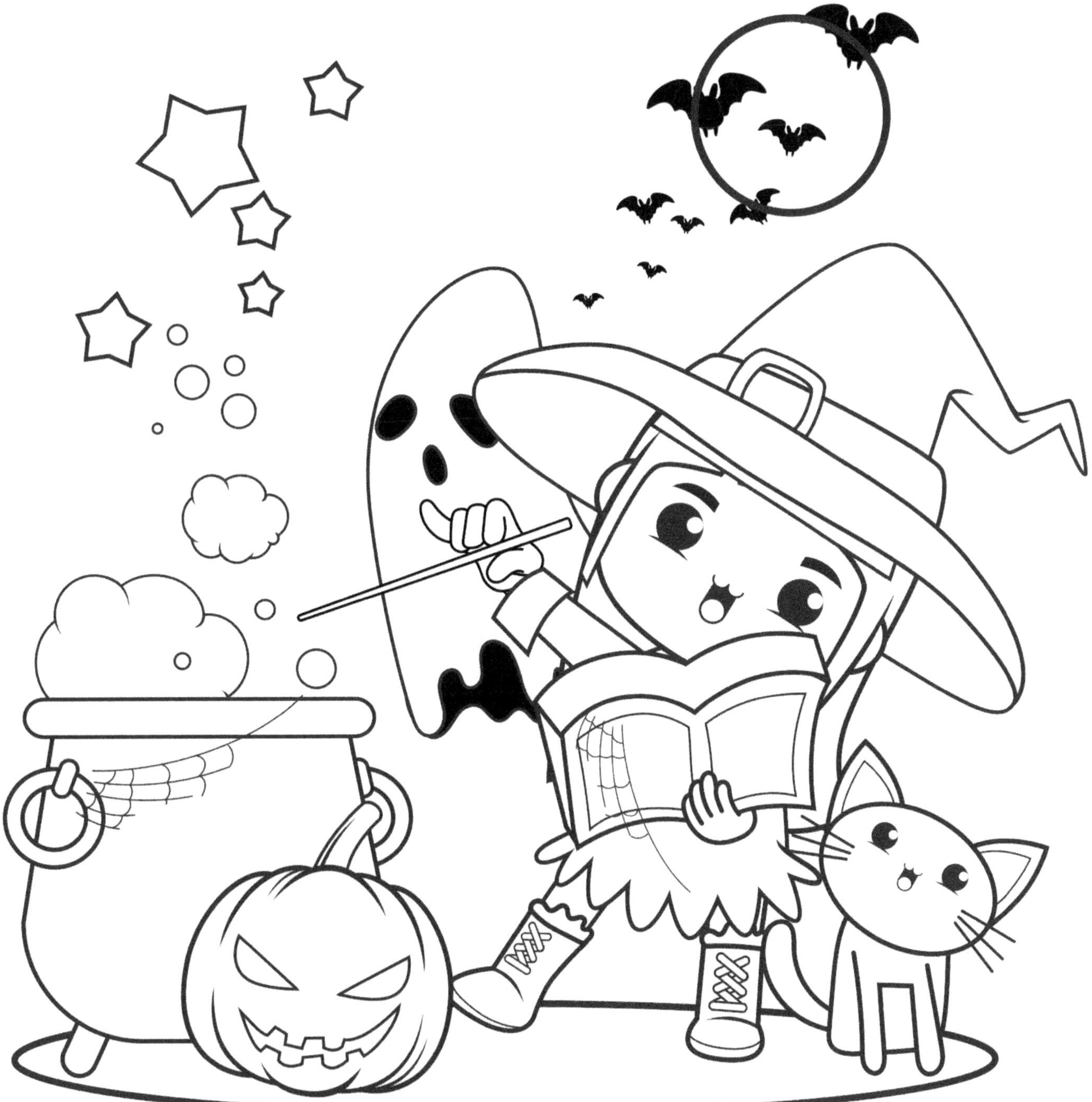

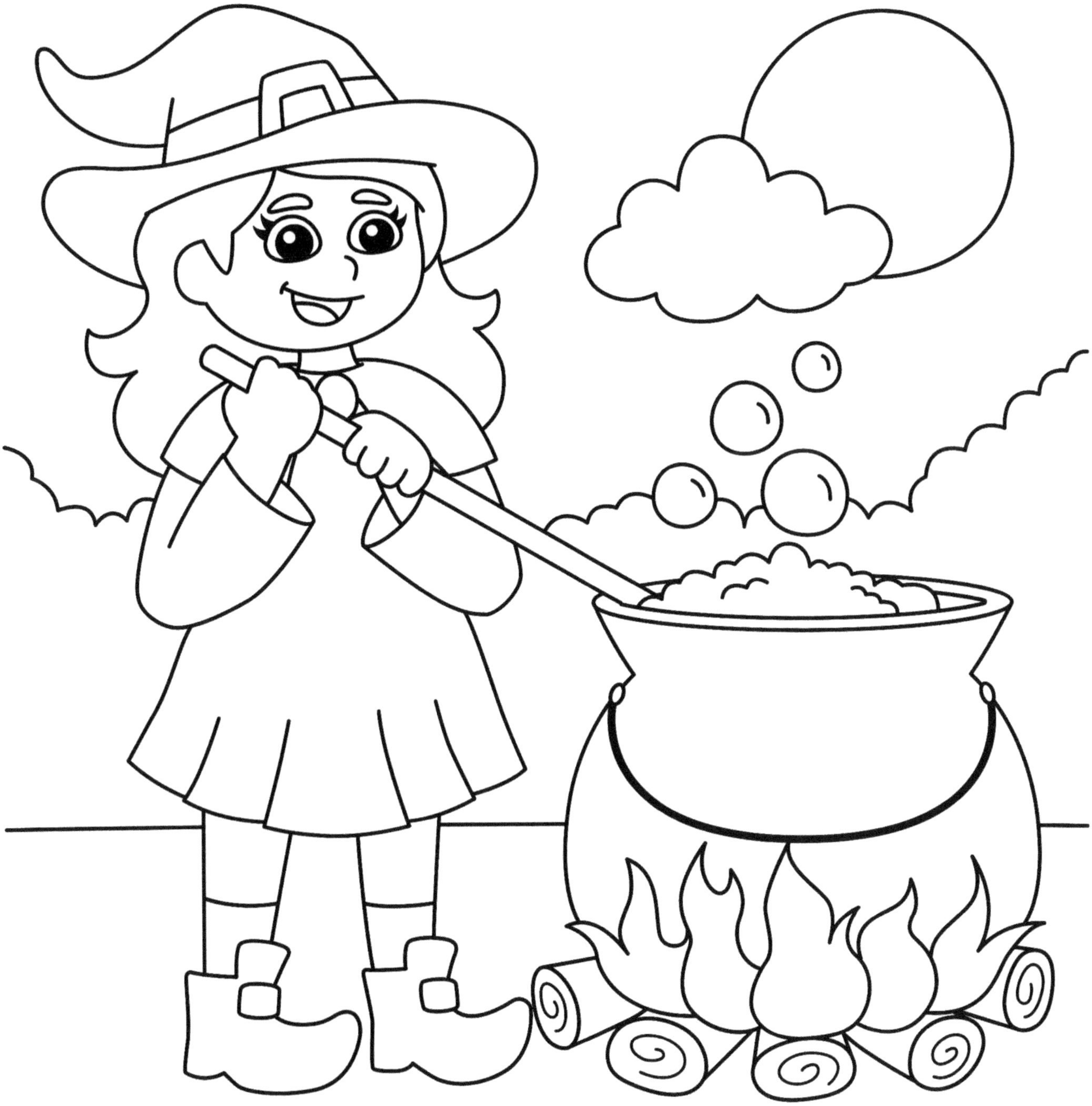

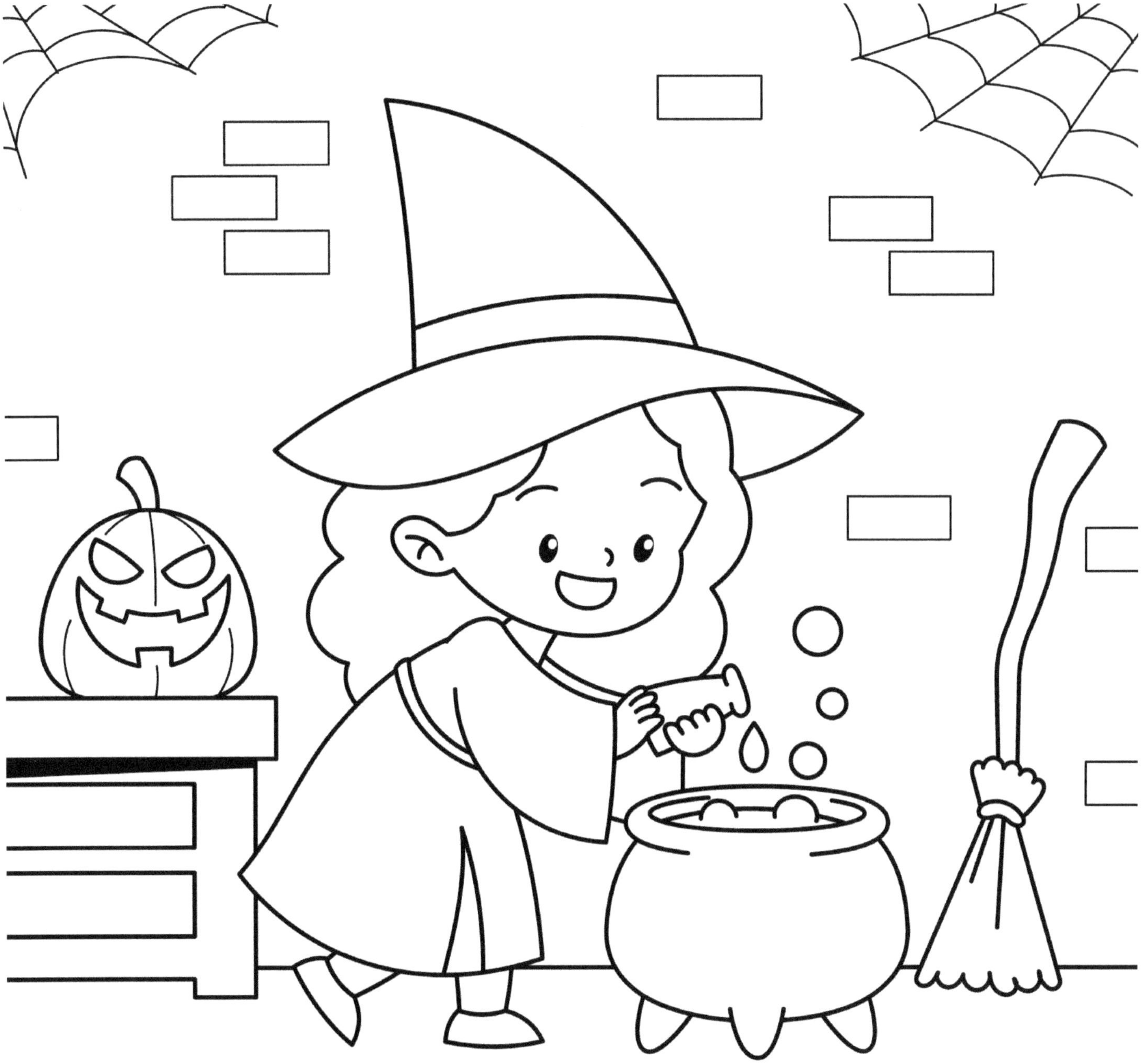

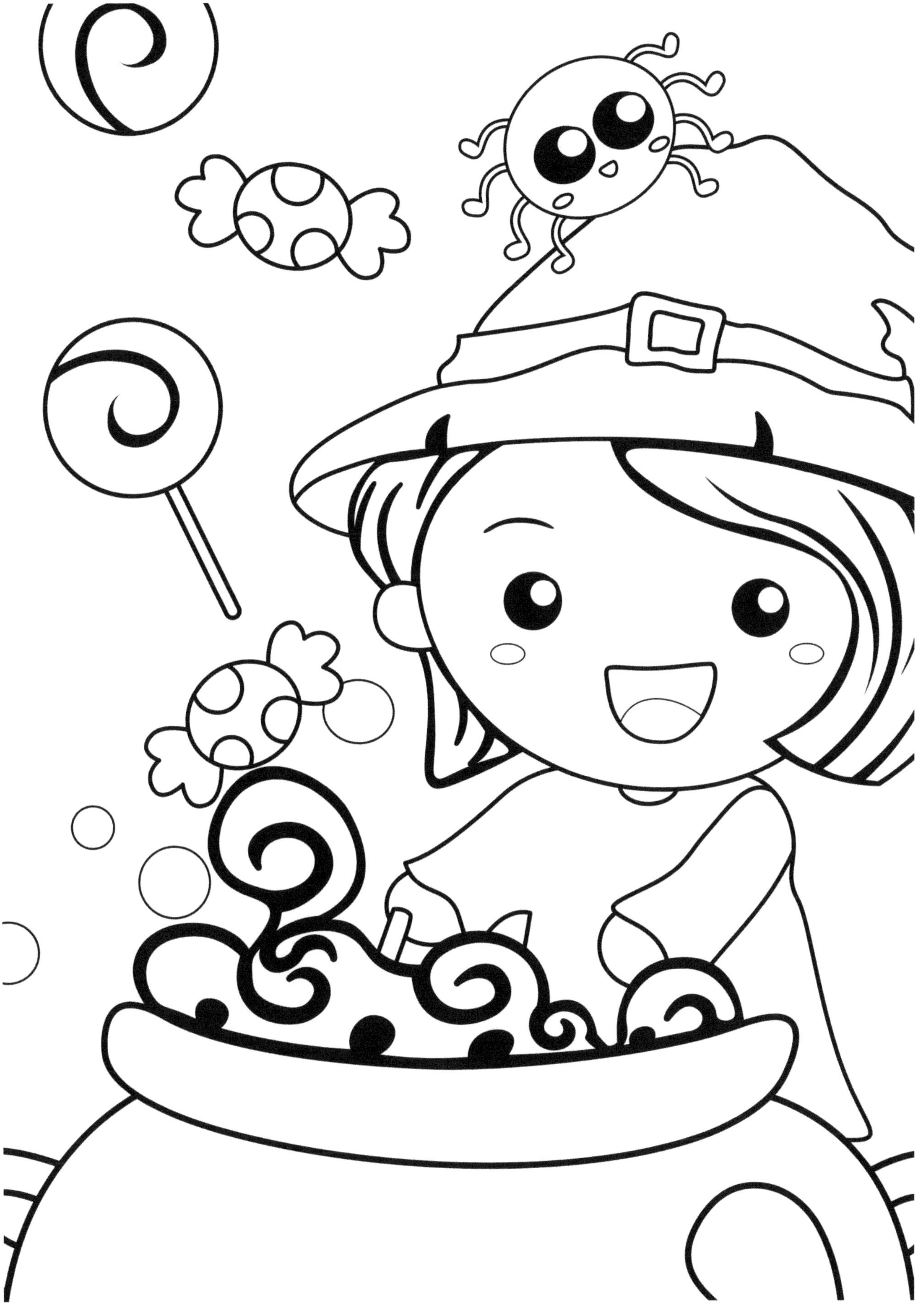

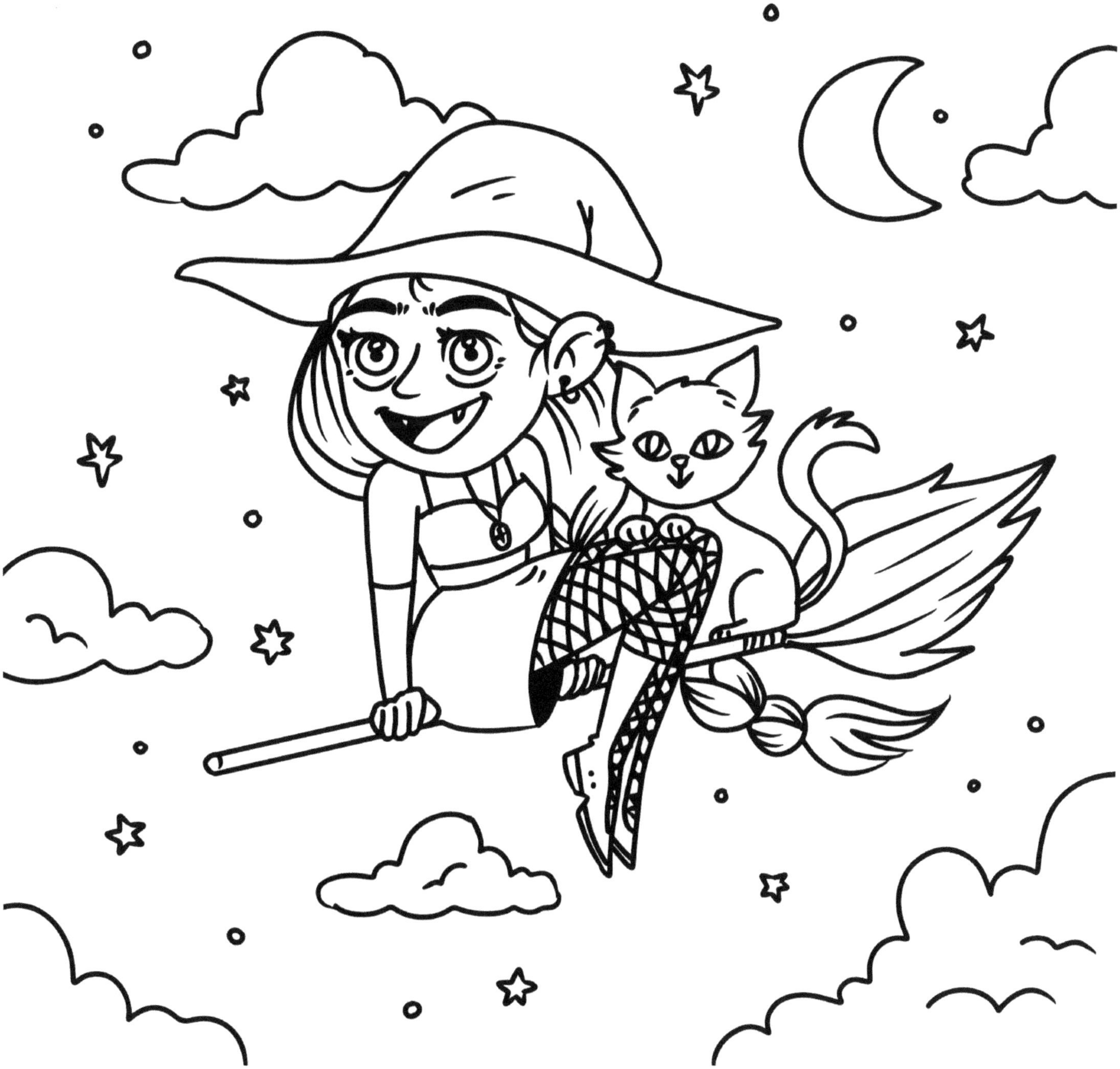

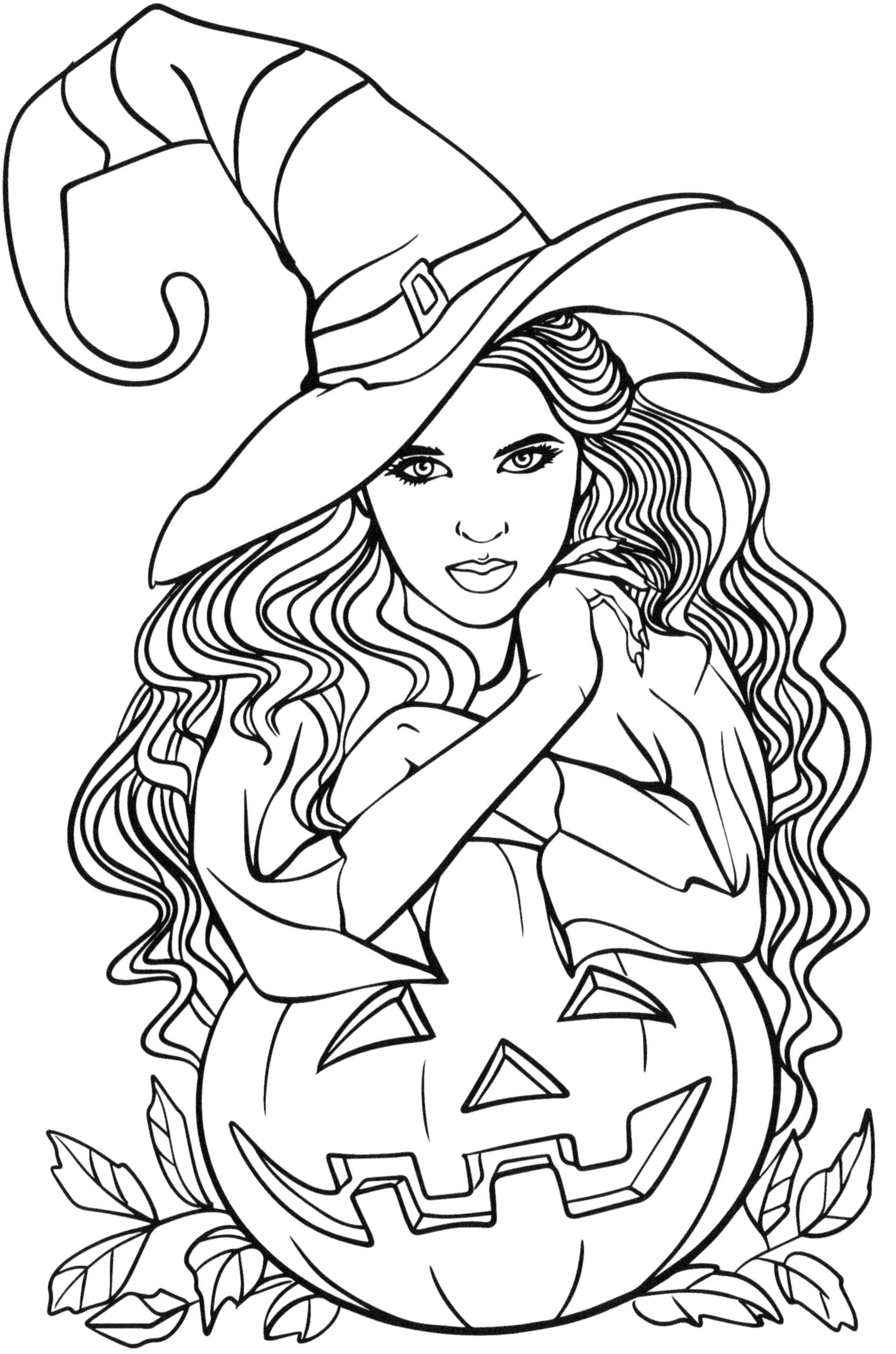

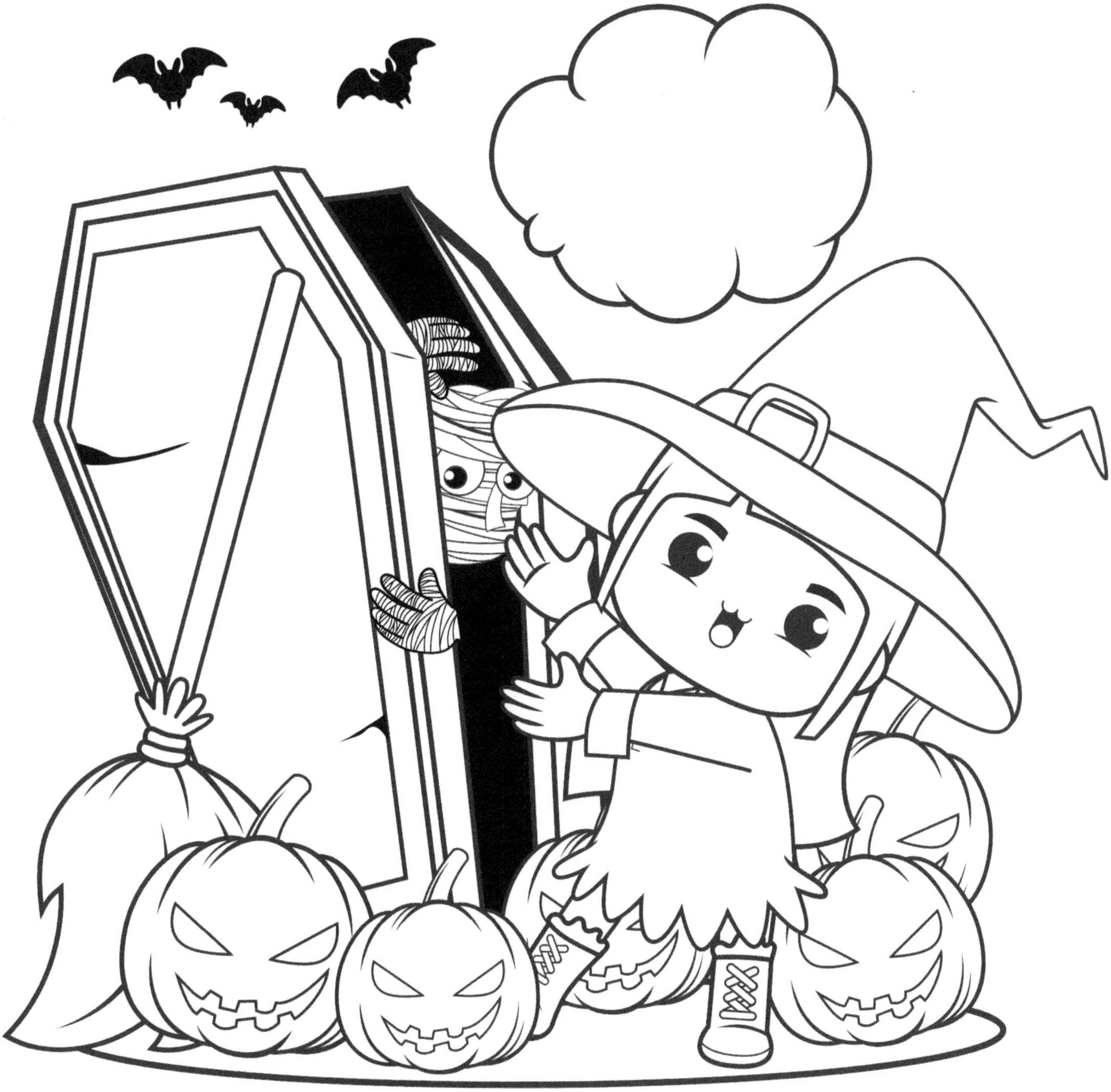

Milton Keynes UK
Ingram Content Group UK Ltd.
UKHW012210310724
446062UK00017BB/100

9 798210 868978